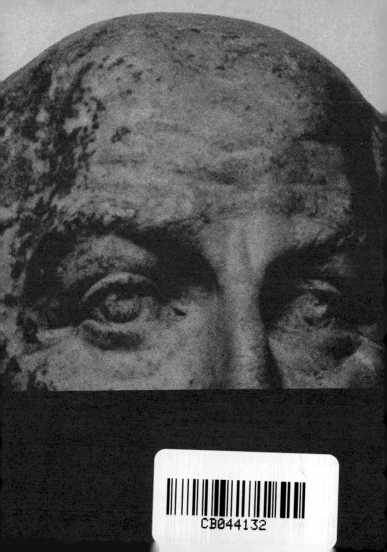

LÚCIO ANEU SÊNECA

LIÇÕES SOBRE A BREVIDADE DA VIDA

e outros diálogos

Tradução do latim
Rodrigo Tadeu Gonçalves

goya

LIÇÕES SOBRE A BREVIDADE DA VIDA

TÍTULO ORIGINAL:
De Brevitate Vitae,
De Tranquillitate Animi
& De Clementia

COPIDESQUE:
Ana Bittencourt

REVISÃO:
Flavia Baggio
Tatiana Souza

CAPA E PROJETO GRÁFICO:
Oga Mendonça

DADOS INTERNACIONAIS DE CATALOGAÇÃO NA PUBLICAÇÃO (CIP) DE ACORDO COM ISBD

S475l   Sêneca
Lições sobre a brevidade da vida / Sêneca ; traduzido por Rodrigo
Tadeu Gonçalves. - São Paulo: Goya, 2025.
256 p. ; 11,5cm x 18cm.

Tradução de: De Brevitate Vitae, De Tranquillitate Animi & De
Clementia
ISBN: 978-85-7657-732-4

1. Filosofia. 2. Estoicismo. 3. Desenvolvimento pessoal.
I. Gonçalves, Rodrigo Tadeu. II. Título.

2025-1255	CDD 100 CDU 1

ELABORADO POR ODILIO HILARIO MOREIRA JUNIOR - CRB-8/9949

ÍNDICES PARA CATÁLOGO SISTEMÁTICO:
1. Filosofia 100
2. Filosofia 1

COPYRIGHT © EDITORA ALEPH, 2025

**TODOS OS DIREITOS RESERVADOS.
PROIBIDA A REPRODUÇÃO, NO TODO
OU EM PARTE, ATRAVÉS DE QUAISQUER
MEIOS, SEM A DEVIDA AUTORIZAÇÃO.**

**Rua Bento Freitas, 306, cj. 71
01220-000 – São Paulo – SP – Brasil
Tel.: 11 3743-3202**

WWW.EDITORAGOYA.COM.BR

@editoragoya

goya
é um selo da Editora Aleph Ltda.

SUMÁRIO

APRESENTAÇÃO
POR MATEUS SALVADORI — 6

SOBRE A BREVIDADE DA VIDA — 12

SOBRE A TRANQUILIDADE DA ALMA — 78

SOBRE A CLEMÊNCIA — 148

CADERNO DE ANOTAÇÕES — 245

APRESENTAÇÃO
por Mateus Salvadori

A vida breve e o tempo mal-empregado são temas seculares e que atravessam a filosofia de Lúcio Aneu Sêneca, um dos mais notáveis representantes do estoicismo romano. Nos três diálogos de *Lições sobre a brevidade da vida*, encontramos reflexões que, apesar de formuladas no século 1 d.C., permanecem incrivelmente atuais. O estoicismo que ele propõe não prega uma frieza insensível, mas, sim, um exercício de lucidez e autodomínio. Seus escritos nos ensinam que, diante da brevidade da vida, devemos focar o essencial: razão, virtude e serenidade. Em um mundo acelerado, sobrecarregado de informações e exigências constantes, Sêneca nos lembra que a verdadeira riqueza está no uso consciente do tempo e no cultivo da excelência moral. Sua filosofia não é um código rígido de regras, mas um guia que, ainda nos dias de hoje, oferece recursos para lidar com as inquietações da vida com a mesma sabedoria que iluminou os antigos.

Sêneca nasceu por volta do ano 4 a.C., na região onde atualmente está Córdoba, na Espanha. Filho de uma influente família de classe equestre — ordem aristocrática do Império Romano, formada por cavaleiros e cidadãos com grande influência econômica —, foi enviado jovem para Roma, onde recebeu uma educação refinada em retórica e filosofia. Destacou-se na oratória, atuando como advogado e escritor. Apesar de sua inclinação filosófica, precisou equilibrar o estoicismo com as exigências políticas do Império. Durante o governo de Calígula, escapou da execução, mas, sob Cláudio, foi exilado na Córsega, acusado de envolvimento em um escândalo de adultério mal explicado. Passou quase uma década no exílio, entre os anos 41 e 49 d.C., até ser chamado de volta por Agripina para assumir o posto de tutor do filho dela, Nero, que se tornaria imperador. Nos primeiros anos do governo de Nero, exerceu grande influência na condução do Império, ajudando a moldar uma administração mais equilibrada. Contudo, à medida que Nero se consolidava no poder, Sêneca foi afastado da corte. Em 62 d.C., retirou-se da vida política e dedicou-se aos estudos filosóficos. Em 65 d.C., acusado sem provas de conspirar contra Nero, foi condenado ao suicídio. Coerente com os princípios estoicos que defendia, enfrentou seu destino com serenidade. Seus escritos, no entanto, permaneceram vivos, influenciando gerações de leitores e pensadores ao longo dos séculos.

No tratado "Sobre a brevidade da vida", escrito entre 49 e 55 d.C. e dirigido a Paulino, funcionário público e também membro da ordem equestre, Sêneca desafia a crença de que o tempo nos falta porque a vida humana é curta. Para ele, a maior questão não é a duração da vida, mas sim o desperdício do tempo com distrações e ambições vazias, a busca por riquezas e status enquanto negligenciamos o que realmente nos pertence: o presente. A vida, segundo Sêneca, não é curta por natureza, mas *encurtada* pelo mau uso que fazemos dela. Para evitar esse erro, ele defende a necessidade de direcionar nosso tempo para o que realmente importa: cultivar sabedoria e virtude. Em sua obra, Sêneca nos provoca a refletir sobre como usamos o tempo e a evitar o equívoco de adiar a felicidade para um futuro incerto. Ele nos indica com linguagem simples e contundente que o que realmente conta não é quanto tempo temos, mas como vivemos cada instante.

Já em "Sobre a tranquilidade da alma", provavelmente escrito entre 49 e 62 d.C., Sêneca aconselha o amigo Sereno sobre como vencer a inquietação interior e alcançar a paz de espírito. Para o filósofo, a tranquilidade não significa a ausência de dificuldades, mas sim um estado de equilíbrio que surge da aceitação do que não podemos controlar e da confiança na razão. Sêneca critica a busca incessante por novidades e prazeres efêmeros, que apenas alimentam a insatisfação, e sugere um caminho baseado na moderação e na constância. A inquietação que ele descreve continua atual: em um mundo marcado pela ansiedade e pela busca desenfreada por produtividade, sucesso e reconhecimento externo, muitas vezes nos distanciamos da verdadeira serenidade. A paz de espírito não estaria, portanto, em evitar desafios, mas em aprender a enfrentá-los. A verdadeira tranquilidade nasce de uma mente bem-ordenada, capaz de manter-se firme diante das adversidades sem ser arrastada pelo turbilhão do mundo exterior. Não é pouco. Seu texto propõe um ideal de vida equilibrada, em que a serenidade não é um dom inato, mas um aprendizado contínuo.

Por sua vez, no tratado "Sobre a clemência", escrito entre 55 e 56 d.C. e dirigido a Nero, Sêneca apresenta essa virtude como fundamental para o exercício do poder de um governante que se pretende sábio e justo. O filósofo diferencia o bom governante do tirano: enquanto o primeiro age com moderação e equilíbrio, garantindo a estabilidade e a lealdade de seus súditos, o segundo governa pela imposição do medo e vive sob constante ameaça. Para Sêneca, a clemência não deve ser confundida com fraqueza ou indulgência excessiva, mas sim com prudência e discernimento, servindo como um contrapeso necessário à rigidez da lei. Quando aplicada com sabedoria, a clemência fortalece um governo estável e respeitado, enquanto a tirania leva à instabilidade e à revolta. A obra se funda tanto como um guia político quanto como uma reflexão filosófica sobre o poder e sua relação com a moral e, embora tenha sido escrita para um imperador específico, sua mensagem ultrapassa o contexto romano e ressalta a responsabilidade de quem exerce autoridade.

As premissas de Sêneca sempre fizeram parte de uma ordem filosófica dedicada à ação, ao exercício da virtude, que se manifesta na própria vida. Para ele, a moral e a sabedoria pouco valem se não formos capazes de fazer delas artífices da vida. Que estas páginas nos inspirem a viver, na prática, com mais consciência, reconhecendo que o tempo não se perde, mas se investe — e que cabe a nós decidir como empregá-lo. Que, seguindo seus ensinamentos, evitemos adiar a vida para um futuro incerto. O leitor contemporâneo certamente se beneficiará desses ensinamentos atemporais.

Mateus Salvadori,
doutor em Filosofia

SOBRE A BREVIDADE DA VIDA
Para Paulino

CAPÍTULO 1

01 _ A maior parte dos mortais, Paulino, reclama da crueldade da natureza, pois somos gerados para um período curto de tempo, e como esse espaço de tempo que nos é dado passa tão veloz, tão rápido, com pouquíssimas exceções, a vida nos abandona quando ainda estamos nos preparando para viver. E não é apenas a multidão e o vulgo imprudente que se lamenta sobre esse mal comum, como se costuma considerá-lo. Esse mesmo sentimento instigou reclamações até dos homens mais distintos. Daí aquela exclamação do mais excelente dos médicos: "a vida é breve; a arte é longa".[1]

02 _ Daí a acusação de Aristóteles, em disputa com a natureza das coisas, posição pouquíssimo adequada a um sábio, dizendo que: "ela ofereceu tanto tempo aos animais, que podem viver cinco ou dez vezes mais, e um período muito mais curto aos homens, nascidos para coisas tão elevadas e grandiosas".

03 _ O problema não é que temos pouco tempo, mas que desperdiçamos muito dele. A vida é longa o bastante, e nos foi dada largamente para realizarmos as coisas mais importantes, se ela for inteiramente bem organizada. Porém, quando é gasta em luxo e negligência, quando não é empenhada para coisas boas, no momento em que a necessidade final se apresentar, compreenderemos que a vida passou sem que tenhamos percebido.

04 _ Assim é: nossa vida não é breve, nós é que a tornamos breve. Não somos desprovidos dela, mas a desperdiçamos. Assim como um tesouro régio e vasto desaparece em um instante quando cai nas mãos de um mau senhor, a riqueza, embora módica, cresce ao ser entregue a um bom guardião. Dessa forma, nosso tempo é bastante vasto para aquele que o utiliza bem.

A VIDA NOS ABANDONA QUANDO AINDA ESTAMOS NOS PREPARANDO PARA VIVER

CAPÍTULO 2

01 _ Por que reclamamos da natureza? Ela age benignamente; a vida, se você souber usá-la, será longa. Contudo, alguns são tomados por uma avareza insaciável, outros, por um zelo industrioso por ações supérfluas. Uns se encharcam de vinho, outros se entorpecem com o ócio. Uns se exaurem com uma ambição sempre dependente do julgamento dos outros, e outros são levados por todo o mundo por um desejo excessivo pelo comércio, conduzidos por mares e terras em busca de lucro. Alguns são tomados por um desejo militar e estão sempre buscando infligir perigos aos outros ou com medo dos perigos eles mesmos. Há aqueles cuja devoção não recompensada pelos superiores os consome com servidão voluntária.

02 _ A muitos incomoda o esforço para conseguir a fortuna alheia ou se detêm na lamentação da própria. A muitos, incapazes de perseguir algo definido, uma inconstância vaga, sem rumo,

displicente, arrasta constantemente para novos planos. A alguns, nada agrada e endireita seu rumo, e o destino os surpreende enquanto bocejam, exaustos, tanto que não duvido que seja verdade o que o maior dos poetas diz, como se fosse um oráculo: "Curta é a parte da vida que vivemos".[2] Todo o resto, de fato, não é vida, é só tempo.

03 _ Eles são pressionados e sitiados pelos vícios por todos os lados, que os impedem de se levantar e de elevar os olhos para a contemplação da verdade, esmagando-os, deixando-os imersos e trespassados pelo desejo. E já não conseguem retornar a si mesmos. Caso alguma calma repentina os tome, agitam-se como o mar profundo, que, mesmo após a tempestade, ainda revolve, e o ócio nunca consegue livrá-los de seus desejos.

04 _ E você acha que estou falando dos que admitem seus males? Olhe para aqueles cuja prosperidade os outros correm para ver: eles são sufocados pelos seus bens. Como a riqueza é pesada para muitos! Como tira o sangue de muitos a eloquência e a preocupação constante em mostrar sua capacidade! Como muitos empalidecem por conta dos prazeres insaciáveis! Quantos nunca ficam livres do cerco de uma multidão de clientes! Por fim, passe os olhos por todos, desde os mais ínfimos até os mais elevados: um busca advogado, outro responde, um é processado, outro o defende, um julga,

ninguém é seu próprio defensor, mas todos se consomem por conta dos outros. Pergunte sobre aqueles cujos nomes todos conhecem, e você conseguirá distingui-los pelos seguintes traços: este se dedica àquele e aquele a um outro, e ninguém cuida de si mesmo.

05 _ Também alguns são tomados por uma indignação muitíssimo irracional: eles reclamam do desprezo dos superiores, quando estes estavam ocupados demais no momento em que queriam encontrá-los! Alguns ousam reclamar da soberba de outros quando eles mesmos nunca têm tempo para si. Aquele homem prestigioso, não importa quem você seja, por vezes o olha, ainda que com uma expressão insolente, entregando seus ouvidos às suas palavras e recebendo-o ao seu lado. Mas você nunca se dignou a olhar-se ou a ouvir a si mesmo. Não há por que, então, imputar esses deveres a alguém, pois, quando você os buscava, não é porque queria estar com outra pessoa, mas porque não podia estar consigo mesmo.

CAPÍTULO 3

01 — Mesmo que todas as mentes brilhantes tenham concordado nesse único ponto, nunca se encantaram o bastante com essa neblina das mentes humanas. As pessoas não permitem que ninguém ocupe suas terras e, caso haja a menor disputa com relação a fronteiras, correm direto às pedras ou às armas. Porém permitem que outros invadam suas vidas, convidando até mesmo aqueles que um dia terão posse delas. Não se encontra ninguém que queira dividir seu dinheiro, mas todos distribuem suas vidas a muitos outros! Todos são muito regrados no controle de seu patrimônio, mas, quando se trata de gastar tempo, são os maiores esbanjadores daquilo que seria a avareza mais justa. Assim, eu gostaria de escolher um da turma dos mais velhos e dizer:

02 — "Vejo que você chegou aos limites da vida humana, já ao centésimo ano ou mais. Vamos lá, vamos relembrar e fazer um balanço da sua

vida. Diga quanto de seu tempo foi levado embora por credores, amantes, patronos, clientes, brigas com a esposa, punições aos escravos, correria nos deveres na cidade. Acrescente aí as doenças que causamos a nós mesmos, o tempo que ficou jogado sem uso. Você verá que viveu menos anos do que conta.

03 _ "Traga de volta à memória quantas vezes você esteve certo de seu propósito, quantos dias terminaram como você planejou, quanto de seu tempo você conseguiu usar para si, quando sua face mostrou a própria expressão, quando seu espírito esteve livre do medo, o que você conseguiu realizar em todo esse tempo, quantos pilharam a sua vida sem que você percebesse que a estava perdendo, quanto de seu tempo foi tomado pelas dores vãs, alegrias tolas, desejos ávidos e conversas inconsequentes, quão pouco restou para você de seu próprio tempo. Perceba como você está morrendo antes da hora." Qual é a razão para isso?

04 _ Vocês vivem como se fossem viver para sempre, nunca atentando para a própria fragilidade, nem para quanto tempo já passou. Perdem tempo como se ele viesse de uma fonte plena e abundante, enquanto talvez tenha chegado o último dia, oferecido para alguém ou para alguma coisa. Temem tudo como mortais e desejam tudo como deuses.

05 _ Você ouvirá alguém dizer: "Quando eu fizer cinquenta anos, vou me aposentar e, a partir dos sessenta, me liberarei de todos os meus ofícios". Mas, afinal, que garantia você tem de uma vida longa? Quem permitirá que as coisas aconteçam como você planejou? Você não tem vergonha de reservar para si os restos da vida e destinar ao aperfeiçoamento do espírito somente aquele tempo que não pode ser utilizado para outras coisas? Que tarde para começar a viver, quando o fim já está para chegar! Que tolo esquecimento da mortalidade, deixar os bons planos para quando tiver cinquenta ou sessenta anos, e querer que a vida comece onde poucos chegam!

CAPÍTULO 4

01 Você verá que dos homens mais poderosos e elevados aos cargos mais altos escapam palavras com as quais desejam e louvam o ócio, e o antepõem a todos os seus bens. Enquanto isso, desejam descer do seu apogeu, caso consigam fazê-lo em segurança, pois, mesmo que nada a perturbe ou chacoalhe, a fortuna rui por si mesma.

02 O divino Augusto, a quem os deuses deram mais do que a qualquer outra pessoa, não parava de desejar descanso para si mesmo e distância das questões de Estado. Todas as suas conversas sempre voltavam a esse ponto, a vontade de descansar. A doce consolação que acalmava seus labores, apesar de falsa, era a de que um dia viveria para si mesmo.

03 Em uma carta para o Senado, dizia que seu afastamento das obrigações não seria desprovido de dignidade nem inconsistente com sua glória pregressa. Encontrei as seguintes palavras: "Mas tais coisas são mais esplêndidas

ao serem feitas do que ao serem prometidas. Porém o desejo profundo por esse tempo para mim, como tal alegria ainda não tenha se realizado, me fez antecipar um pouco desse prazer pela doçura das palavras".

04 _ O ócio parecia uma coisa tão boa, que, mesmo que não pudesse ainda obtê-lo, antecipava-o no pensamento. Ele, que via que todas as coisas dependiam dele, que ditava a fortuna dos homens e dos povos, ficava muito feliz em pensar no dia em que se exoneraria de sua grandiosidade. Ele sabia bem o quanto de suor lhe custaram aqueles bens resplandecentes por todas as terras, o quanto de ansiedade ocultavam.

05 _ Coagido a pegar em armas primeiro contra cidadãos, depois contra colegas e, por fim, contra familiares, derramou sangue por mar e terra. Pela Macedônia, Sicília, Egito, Síria, Ásia e quase todas as terras do Império circulou de uma guerra a outra e, quando os exércitos estavam cansados do sangue romano, voltou-os para guerras estrangeiras. Enquanto pacificava os Alpes e subjugava inimigos misturados ao meio da paz do Império, enquanto ampliava as fronteiras para além do Reno, do Eufrates e do Danúbio, em Roma, as espadas de Murena, Cepião, Lépido, Egnácio e outros eram afiadas contra ele.

06 _ Ainda não havia evitado suas tramas, e a filha, como muitos jovens nobres dedicados ao

adultério como a um sacramento, aterrorizava sua idade já avançada, bem como Iulo e uma nova mulher a ser temida com seu Antônio.[3] Tal ferida ele cortou fora com membros e tudo, mas outras seguiam nascendo, assim como um corpo com excesso de sangue está sempre sujeito a sofrer uma hemorragia em alguma parte. Dessa forma, desejava o ócio, e seus labores residiam na esperança e no pensamento sobre ele, e esse era o voto daquele que podia conceder todos os votos.

CAPÍTULO 5

01 _ Marco Cícero, arrastado entre Catilinas, Clódios, Pompeus e Crassos, alguns, inimigos manifestos, outros, dúbios amigos, enquanto navegava o Estado, tentando evitar que o navio afundasse, por fim, foi levado com ele. Nem tranquilo com as coisas favoráveis nem firme nas adversidades, quantas vezes odiou o seu consulado louvado não sem motivo, mas sem cessar?

02 _ Quantas palavras lamentosas ele exprime em uma carta a Ático quando o Pompeu Pai havia sido vencido, mas o filho ainda tentava reanimar os exércitos abalados na Hispânia! "Você quer saber o que eu faço aqui?", diz. "Demoro-me em minha vila tusculana, semilivre." Em seguida, acrescenta palavras com as quais deplora sua vida pregressa, reclama do presente e desespera-se com o futuro. Semilivre é o que diz Cícero de si.

03 _ Mas saiba que o sábio nunca empregará palavras tão baixas, nunca será semilivre, mas sua

liberdade sempre será íntegra e sólida, e ele será sempre livre pela sua própria lei, e mais elevado que os outros. Pois o que pode estar acima daquele que está acima da fortuna?

É PRECISO UMA VIDA INTEIRA PARA APRENDER A MORRER

CAPÍTULO 6

01 — De Lívio Druso, um homem afiado e veemente, ao preparar novas leis e más medidas do tipo das dos Graco, apoiado por um grande contingente de toda a Itália, não vendo êxito para as suas propostas, que não conseguia levar a cabo e, uma vez começadas, não conseguia abandonar, diz-se que passou a execrar sua vida intranquila desde os primórdios, dizendo que era o único que desde criança nunca tinha tido férias. De fato, ele até mesmo ousava, ainda pupilo, antes de receber a toga de adulto, advogar em favor de réus diante de júris e exercia sua influência no fórum de modo tão eficaz, que, segundo consta, alguns júris foram convencidos por ele.

02 — Onde não transbordaria uma ambição tão precoce? Já se podia saber que uma audácia tão prematura acabaria dando em um mal enorme tanto em público como no privado. Então já era tarde quando começou a reclamar que nunca tinha tido férias, pois já era um

encrenqueiro e um fardo para o fórum desde criança. Debate-se se ele tirou a própria vida. Pereceu subitamente por um golpe na virilha, e há dúvida se sua morte foi voluntária, mas não se foi na hora certa.

03 _ É desnecessário lembrar-se de outros que, mesmo que parecessem muito felizes, davam testemunho verdadeiro de si ao afirmarem que odiavam todos os atos da própria vida. Porém, com essas reclamações, não mudavam nem aos outros nem a si mesmos, pois, depois de darem vazão às palavras, voltavam aos seus modos habituais.

04 _ Na verdade, as suas vidas, ainda que vocês vivam por mil anos, acabarão por se contrair em um intervalo muito curto de tempo. Esses seus vícios devorarão não poucos séculos. De fato, esse período de tempo, que, embora a natureza apresse, a razão dilata, necessariamente lhes escapará, pois vocês não conseguem apreender nem reter, nem retardar a mais rápida de todas as coisas, mas, antes, deixam que ela se vá como se fosse algo de supérfluo e reparável.

CAPÍTULO 7

01 _ Entre os primeiros eu coloco aqueles que não têm tempo para outra coisa além de vinho e volúpia, pois não poderiam se ocupar com nada mais torpe. Os outros, mesmo se tomados pela imagem da vanglória, pelo menos erram de modo respeitável. Você pode me listar os avarentos, os coléricos, os que se dedicam ao ódio ou a guerras injustas, esses todos erram, mas de modo másculo. É mais desonrosa a queda daqueles que são dados ao ventre e aos prazeres.

02 _ Examine a vida de todos esses, observe quanto tempo eles gastam em contabilidade, em preparar armadilhas, em sentir medo, em cultuar e serem cultuados, com processos judiciais seus e dos outros, com jantares que já viraram parte de seu trabalho: você verá que seus negócios, bons ou maus, já não os deixam mais respirar.

03 _ Por fim, todos concordam que nenhuma questão pode ser bem executada por um

homem ocupado, nem a eloquência, nem as artes liberais, pois o espírito, arrastado para todo lado, não captura mais nada com profundidade, mas, antes, rejeita tudo que foi como que jogado sobre ele. Nada é menos importante ao homem ocupado do que viver. Nenhum outro conhecimento é mais difícil de obter. Professores das outras artes há aos montes, e, na verdade, já se viram meninos tão bons em algumas, que podem até ensiná-las. É preciso uma vida inteira para aprender a viver e, o que pode parecer incrível, uma vida inteira para aprender a morrer.

04 _ Tantos homens excelentes, deixando de lado todos os impedimentos, ao renunciarem a toda riqueza, aos cargos e aos prazeres, tornaram seu único objetivo ao fim de suas vidas o saber viver. Muitos deles deixaram a vida admitindo que ainda não o sabiam, sem falar dos outros, que sabiam menos ainda.

05 _ Acredite em mim, é próprio do homem grandioso e daquele que se eleva acima dos erros humanos não permitir que nada de seu tempo seja desperdiçado. Por isso, sua vida é muito longa, pois dedicou a si mesmo todo o tempo que pôde. Assim, nem um pouco de seu tempo ficou ocioso ou não cultivado, nem um pouco ficou sob o controle de outrem, pois, sendo um guardião tão zeloso dele, não encontrou nada que valesse a pena trocar pelo seu tempo. Assim, esse homem teve tempo

suficiente, mas aqueles que dedicaram muito tempo de sua vida ao povo necessariamente tiveram pouquíssimo tempo.

06 _ Não se deve pensar que essas pessoas não têm, às vezes, consciência de sua perda. Certamente você ouvirá muitos deles, soterrados em sua prosperidade, por vezes gritando entre hordas de clientes, causas e outras desgraças disfarçadas de honras: "Não consigo viver".

07 _ E como conseguiria? Todos aqueles que o convocam em seu auxílio o tiram de si mesmo. Aquele réu tirou quantos dias? E aquele candidato? E aquela velha, cansada de tanto enterrar seus herdeiros? E aquele que fingiu estar doente para estimular a ambição dos caçadores de heranças? E aquele amigo mais poderoso, que o mantém não na lista de amigos, mas na de seguidores? Eu digo: pare e faça uma revisão dos dias de sua vida. Você verá que pouquíssimos deles sobraram, só um pequeno resto deles.

08 _ Aquele que conseguiu o cargo que queria e já deseja deixá-lo, e vive dizendo: "Quanto falta ainda deste ano?". Aquele que organiza os festivais, que julgou um grande privilégio ter sido escolhido para isso, agora diz: "Quando é que vou conseguir fugir disso?". Aquele que é advogado e não consegue sossego no fórum, levado para lá e para cá, enchendo o lugar com seus seguidores para além de onde se

consegue ouvi-lo dizer: "Quando é que vou parar de trabalhar?". Todos jogam sua vida para a frente e sofrem com o desejo do futuro e o ódio do agora.

Mas aquele que devota todo o tempo para seu próprio uso, que ordena todos os seus dias como se fossem o último, não deseja nem teme o amanhã. Pois que novo prazer uma hora a mais pode lhe trazer? Tudo é conhecido, tudo foi aproveitado até a saciedade. Quanto ao restante, a fortuna pode distribuir como quiser, pois a vida já está segura. A essa vida, pode-se acrescentar algo, mas não retirar, e acrescentar como se oferecesse algum alimento a alguém que já está satisfeito e cheio e que, ainda que não deseje, pode aceitar. Pois não se deve acreditar que alguém viveu longamente somente por conta de seus cabelos brancos e rugas: esse não viveu muito, mas existiu muito. Pois é como se você pensasse que viajou muito aquele que a tempestade selvagem arrancou do porto e arrastou para cá e para lá com as forças dos ventos enfurecidos de todos os lados, e fez navegar em círculos pelo mesmo lugar. Ele não navegou muito, mas foi muito arrastado.

CAPÍTULO 8

01 _ Sempre me espanto quando vejo pessoas solicitando o tempo dos outros e o obtendo facilmente daqueles a quem pedem. Os dois lados olham mais para o motivo pelo qual se pede, mas nenhum dos dois olha para o próprio tempo pedido. É como se pedissem nada, é como se dessem nada. Brincam com a coisa mais preciosa de todas, e ela os engana, pois é uma coisa incorpórea, não aparece diante dos olhos, e é, por isso, considerada algo de pouquíssimo valor, na verdade, quase sem nenhum valor.

02 _ As pessoas recebem com muita alegria pensões e auxílios e neles colocam seu esforço, atenção e diligência. Ninguém valoriza o tempo: fazem uso despreocupado dele como se fosse gratuito. Porém veja como os doentes, se veem o perigo de morrer mais de perto, abraçam os joelhos dos médicos e, se temem a pena capital, estão dispostos a gastar tudo o que possuem para se manterem vivos!

03 _ Tão grande é a confusão de seus sentimentos! Mas, se cada um pudesse colocar diante de si o número de anos ainda por vir da mesma forma que os anos já passados, como tremeriam aqueles que vissem que lhes restam poucos anos, como os poupariam! Contudo, é mais fácil administrar algo que é definido, ainda que exíguo. Por isso, devemos conservar com mais diligência aquilo que não sabemos quando acabará.

04 _ Não devemos achar que as pessoas ignoram quão importante é o tempo. As pessoas costumam dizer àquelas que amam muito que estão dispostas a lhes dar parte de seus próprios anos. E, de fato, dão, mas não percebem. E dão de tal modo que, sem aumentar os anos dos outros, diminuem os seus próprios. Porém não sabem justamente que estão diminuindo os próprios anos e, por isso, conseguem tolerar a perda ao não a perceber.

05 _ Ninguém devolverá esses anos, ninguém trará você de volta ao que foi. A vida seguirá seu caminho e não inverterá nem encerrará seu curso. Não fará estardalhaço, não dará avisos sobre sua velocidade. Fluirá em silêncio, prosseguirá, não pelas ordens de um rei, nem pelo clamor do povo. Da forma como se iniciou desde o primeiro momento, ela seguirá adiante, sem se desviar para nenhum lugar, sem se atrasar. E o que acontecerá? Você está muito ocupado, e a vida segue apressada.

Enquanto isso, a morte chegará, e você precisará encontrar tempo para ela, quer queira ou não.

O MAIOR DESPERDÍCIO DE VIDA É A PROCRASTINAÇÃO

CAPÍTULO 9

01 _ Pode haver algo mais estúpido do que a crença de algumas pessoas que se gabam de sua prudência? Estão ocupadas demais para conseguirem viver melhor. Gastam a vida planejando a vida. Dispõem seus pensamentos com vistas ao futuro distante. O maior desperdício de vida é a procrastinação: ela nos rouba cada dia, nos arranca o presente com promessas do futuro. O maior impedimento para viver é a expectativa, que depende do amanhã e joga o hoje fora. Você planeja o que está nas mãos da fortuna e deixa de lado o que está nas suas próprias mãos. Para onde você está olhando? Aonde pretende ir? Todas as coisas que estão por vir são incertas: viva o agora!

02 _ Eis o que clama o maior de todos os poetas, cantando seu poema salutar como se inspirado pelas palavras divinas:

Para os sofridos mortais, até mesmo o mais
[belo dos dias

é o primeiro a fugir.

(Virgílio, *Geórgicas*, III, 66-7)

"Por que você hesita?", diz ele, "por que a demora? Se não tomar o tempo para si, ele foge". E, mesmo que o tome para si, ele fugirá de qualquer modo. Assim, você deve competir com o tempo quanto à velocidade com que o usa, e sorver rapidamente dele como se fosse uma torrente muito rápida, que nem sempre seguirá fluindo.

03 _ Isso também ele diz lindamente para reprovar a hesitação, pois não fala na mais bela das eras, mas dos dias. Por que, mesmo com tamanha velocidade do tempo, você segue seguro e lento e projeta para si os anos em uma longa série de maneira a agradar a sua ganância? O poeta está falando com você sobre o dia, sobre este dia, que já foge.

04 _ Enfim, não há dúvidas de que cada um dos mais belos dias foge dos sofridos mortais — ou seja, dos ocupados. A velhice oprime suas mentes ainda infantis, e eles chegam a ela despreparados e desarmados, sem ter feito provisões para lidar com ela: de repente, sem suspeitar, tropeçam nela, sem terem percebido que ela chegava perto dia após dia.

05 _ Do mesmo modo que a conversa, a leitura ou alguma reflexão profunda engana o viajante, que chega ao destino sem ter percebido que estava se aproximando. É assim com esse caminho da vida, ininterrupto e veloz, que percorremos com igual passo, estejamos acordados ou dormindo. Aos muito ocupados, o caminho só aparece quando terminou.

CAPÍTULO 10

01 _ Se eu quisesse dividir em partes as provas dos pontos que elenquei, muitos argumentos me ocorreriam para provar que as vidas dos muito ocupados são as mais breves. Fabiano, que não era um desses filósofos catedráticos, mas um verdadeiro pensador das antigas, costumava dizer que "contra as emoções, devemos lutar com ímpeto, não com sutileza, e que as linhas inimigas devem ser arrasadas com uma forte investida, e não com golpes diminutos. Não se deve usar argumentos educados: é para destruir, não beliscar". Contudo, para que esses homens sejam censurados por suas faltas, deve-se ensiná-los, não os lamentar.

02 _ A vida se divide em três partes: o que foi, o que é e o que será. Dessas, o que estamos fazendo é algo breve, o que faremos é duvidoso e o que fizemos é certo. E é quanto a isso que a fortuna perdeu seu domínio, e que não se pode retornar ao poder de ninguém. E é isso

que perde quem é ocupado demais, pois não tem tempo para contemplar o que já foi, e, se tiver, será desagradável recordar coisas que trazem arrependimento.

03 _ Assim, são contrariados que vertem sua mente aos tempos mal vividos, e não ousam revisitar essas horas, pois seus vícios, mesmo aqueles que se insinuavam no momento de algum prazer pândego, tornam-se óbvios em retrospecto. Ninguém se joga de boa vontade à contemplação do passado, exceto aquele que submeteu todos os seus atos à própria consciência, que nunca falha.

04 _ Aquele que desejou muitas coisas com ambição demais, que desprezou com soberba, que conquistou sem controle, que enganou com malícia, que roubou com ganância, que gastou com largueza, necessariamente temerá a própria memória. Contudo, essa é a parte de nossa vida que é sagrada e intocável, alçada acima de todas as vicissitudes humanas, retirada do alcance das garras da fortuna, que nem a pobreza nem o medo nem os ataques das doenças podem prejudicar. Essa parte não pode ser perturbada nem arrancada: sua posse é perpétua e inabalável. Os dias vêm somente um por vez, e esses, minuto a minuto, são o presente. Mas todo o passado pode se apresentar quando você ordenar e permitirá que você o inspecione como quiser, o quanto quiser, o que as pessoas muito ocupadas não têm tempo de fazer.

05 _ É próprio de uma mente tranquila e calma percorrer todas as partes de sua vida. A mente dos muito ocupados, por outro lado, não é capaz de se virar para olhar para trás, pois é como se estivesse presa sob o jugo. Desse modo, sua vida caminha para um abismo e, assim como não adianta derramar nenhuma quantidade de líquido se não houver um recipiente para recebê-lo e contê-lo, não importa quanto tempo seja dado, se não houver onde ele possa se assentar, pois ele vazará pelos buracos e rachaduras da mente.

06 _ O presente é um tempo brevíssimo. Tão breve, que, para alguns, parece não ser nada, pois está sempre em curso, sempre flui e avança. Ele deixa de existir antes de chegar e não tolera o atraso mais do que o céu ou as estrelas, cujo movimento sempre inquieto nunca os deixa estar na mesma posição. Assim, os muito ocupados somente consideram o presente, que é tão breve, que não pode ser capturado, e mesmo esse pouco lhes é subtraído, já que são arrastados a muitas direções.

CAPÍTULO 11

01 _ Por fim, você gostaria de saber de que forma eles vivem pouco? Veja o quanto desejam viver muito. Velhos decrépitos mendigam e imploram pelo acréscimo de uns poucos anos. Eles fingem que são mais jovens do que são. Ficam lisonjeados com essa mentira e se enganam com tamanha boa vontade como se estivessem enganando o destino junto. Mas, quando alguma fraqueza os lembra da mortalidade, morrem tão aterrorizados, que não é como se deixassem a vida, mas como se fossem arrancados dela. Gritam que foram tolos por não terem vivido de verdade e que, caso escapem daquela doença, viverão mais ociosos. Então refletem sobre terem se preparado para coisas de que não usufruiriam, sobre como todo seu esforço caiu no vazio.

02 _ Mas, então, por que a vida é longa para aqueles que viveram afastados de tantas ocupações? Nada dessa vida é delegado, nada é desperdiçado com um ou com outro, nada é entregue à

fortuna, nada é perdido por negligência, nada é perdido pela largueza, nada é supérfluo. Ela toda, por assim dizer, traz resultado. Assim, não importa o quão pequena seja, será amplamente suficiente, e, por isso, quando chegar o dia derradeiro, o sábio não hesitará em avançar para a morte com passo firme.

CAPÍTULO 12

01 _ Talvez você me pergunte quem são esses que estou chamando de muito ocupados. Não há razão para você achar que chamo assim somente os advogados que só saem do tribunal quando soltam os cães de guarda noturnos, os que você vê esplendidamente espremidos em sua própria multidão de clientes ou arrogantes na multidão alheia, os que seus cargos tiram de casa para bater às portas dos outros, ou os que a lança do pretor[4] mantém ocupados com lucro infame que um dia apodrecerá.

02 _ Até mesmo o ócio de alguns é ocupado. Inclusive em sua casa de campo ou em seu leito, no meio da solidão, inclusive afastados de tudo, eles são desagradáveis a si mesmos. Sua vida não deve ser chamada de ociosa, mas de preocupação preguiçosa. Você chamaria de ocioso[5] aquele que organiza com cuidado excessivo e ansioso a coleção de vasos de Corinto, os quais se tornaram preciosos por

conta da insanidade de alguns poucos, e que consome a maior parte de seus dias em meio a um monte de cobre enferrujado? Que se senta junto ao ringue para assistir (E que opróbrio! Ainda sofremos com vícios que nem romanos são!) a uns rapazes brigando? Que separa seus próprios lutadores em grupos de idade e cor semelhante? Que cria os atletas mais jovens?

03 _ Você diz que aproveitam seu ócio aqueles que gastam muitas horas no salão do barbeiro, cortando todos os fios que cresceram de um dia para o outro, como se instaurassem conselhos e debates acerca de cada um dos fios de cabelo, enquanto cachos bagunçados são arrumados ou pontos mais ralos aqui e ali são cobertos com uma franja? Como ficam revoltados se o barbeiro for um pouco descuidado, como se estivesse cortando o cabelo de um homem de verdade! Como fervem de raiva se perdem alguma parte de sua juba, se algum fio ficou desordenado, se os cachos não estão no lugar certo! Quais desses não prefeririam ver a República mais conturbada que seu cabelo? Quais não preferem ver sua cabeça mais bonita do que segura? Quem não prefere ser mais arrumado do que honrado? Você diz que usam bem o ócio os que estão sempre entre a escova e o espelho?

04 _ O que dizer daqueles que se ocupam demais em compor, ouvir e aprender música, enquanto contorcem a voz, cujo uso mais

direto a natureza criou simples e excelente, em torneios de modulações das mais inúteis, cujos dedos sempre batem medindo o tempo de alguma canção em sua cabeça, de quem se escuta um cantarolar mesmo quando são convocados a assuntos sérios e, às vezes, até tristes? Esses não praticam o ócio, mas, sim, uma ocupação inútil.

05 _ E, por deus, os banquetes deles! Eu não os classificaria como simples passatempo, pois vejo o cuidado com que arrumam a prataria toda, a ansiedade com que amarram as túnicas dos pequenos escravos, a preocupação com o modo como o javali assado sairá da cozinha, a velocidade com que, dado o sinal, os servos correm para suas funções, a habilidade com que são talhadas as aves em porções do tamanho exato, a atenção com que os meninos escravos limpam as cusparadas dos bêbados. A partir desses meios, buscam a fama de refinamento e opulência, e seus males os seguem em todos os âmbitos de suas vidas, de tal modo que não são capazes de comer nem de beber sem ostentação.

06 _ Eu também não contaria entre os que usam bem o ócio aqueles que são levados para todo lado em liteiras ou palanquins e chegam na hora exata para todos os passeios, como se não pudessem perder nenhum, que precisam ser lembrados de quando devem se lavar, quando devem nadar, quando devem jantar. Esses

espíritos delicados dissolvem-se em tamanha lassidão que não conseguem mais saber por conta própria nem se estão com fome!

Ouvi dizer que um desses delicados — se é que se pode chamar de delicado quem desaprende a própria vida e hábitos —, depois de outras mãos o levantarem de seu banho e o colocarem em sua liteira, perguntou: "Nossa, já estou sentado?". Ignorante, sem saber se está sentado ou não, ele poderia saber se está vivo, se está enxergando, se está usando bem o ócio? Não sei se eu teria mais pena dele se, de fato, ele não soubesse ou se estivesse fingindo não saber.

Eles se esquecem de muitas coisas, mas também fingem se esquecer de muitas outras. Alguns vícios os deleitam como se fossem provas de sua felicidade. Saber o que se faz parece ser característica de um homem humilde e desprezível. Vá você agora pensar que os mimos[6] mentem muito em sua reprovação do luxo. Na verdade, por deus, eles deixam de lado muito mais do que representam, e tamanha abundância de vícios incríveis apareceu neste nosso tempo tão engenhoso, que já é possível acusar os mimos de negligência. Imagine, existir alguém tão acabado pelas delicadezas, que precisa confiar em outra pessoa para saber se está sentado!

Esse não é alguém que usa bem o ócio: devemos lhe dar outro nome. Esse é um doente, e, na verdade, está morto. É um bom ocioso aquele que é consciente de seu ócio. Mas esse que precisa de uma indicação para perceber a própria disposição corporal é, no máximo, um semivivo. Como ele poderá ter controle do próprio tempo?

CAPÍTULO 13

01 _ Demoraria muito perseguir os casos individuais daqueles que gastaram a vida jogando damas, jogando bola ou torrando seus corpos ao sol. Não usam bem o ócio aqueles que dão muita importância aos prazeres. Pois ninguém duvidará que gastam seu tempo em esforço vão aqueles que se detêm em estudos inúteis das letras, dos quais já há um grande contingente em Roma.[7]

02 _ Era uma doença dos gregos essa de se perguntar quantos remadores Ulisses tinha, se a *Ilíada* tinha sido escrita antes da *Odisseia*, se tinham sido compostas pelo mesmo autor e outras coisas do mesmo tipo que, se você guardar para si, não ajudarão em nada o seu conhecimento privado, e, se você divulgar, não parecerá mais douto, e, sim, mais chato.

03 _ Eis que esse entusiasmo vazio de aprender coisas supérfluas invadiu também os romanos. Esses dias ouvi alguém dizendo quem foi o primeiro dos generais romanos a fazer o quê:

Duílio venceu a primeira batalha naval, Cúrio Dentato conduziu o primeiro desfile triunfal com elefantes. Essas coisas, ainda que não conduzam à glória verdadeira, tratam de exemplos de serviços ao Estado. Tal conhecimento não nos beneficiará, mas é do tipo que prende nossa atenção com a inutilidade esplendorosa dos temas.

04 _ Também podemos relevar aqueles que investigam quem primeiro persuadiu os romanos a embarcarem em um navio (foi Cláudio chamado, por isso, de Caudex, pois os antigos chamavam a junção de muitas tábuas de *caudex*, de onde os registros públicos são chamados de *codex*, e os navios que levam provisões pelo Tibre, pelo costume dos antigos, são chamados de *codicariae*).

05 _ Decerto também é pertinente aqui que Valério Corvino tenha sido o primeiro a conquistar Messana, e que foi o primeiro da família dos Valério a ser chamado de Messana, recebendo o nome da cidade conquistada, e, aos poucos, com o uso do povo trocando as letras, foi chamado de Messala.

06 _ E você provavelmente concederá que alguém se interesse pelo fato de que Lúcio Sula foi o primeiro a levar leões soltos ao circo, quando, em geral, eles eram levados amarrados, e que lanceiros foram enviados pelo rei Boco[8] para matá-los. E decerto se poderá escusar isto: é de alguma utilidade saber que

Pompeu foi o primeiro a levar dezoito elefantes a uma luta no circo, colocando contra eles homens inocentes como se estivessem em um combate? Um líder de Estado, eminente entre os principais cidadãos, de acordo com o que se diz, memorável pela exímia bondade, considerou uma espécie de espetáculo perder homens de modos inovadores. Lutarão? É pouco. Serão dilacerados? É pouco. Que sejam destruídos por animais de proporções gigantescas!

Seria preferível que essas coisas fossem esquecidas, para que algum poderoso no futuro não as descobrisse e invejasse atos tão desumanos. Ah, quanta sombra uma grande felicidade lança sobre nossas mentes! Na ocasião, ele acreditou estar acima da natureza humana, quando lançou hordas de seres humanos miseráveis contra bestas nascidas sob céus distantes, quando preparava guerra entre seres tão díspares, quando derramou tanto sangue diante dos olhos do povo romano, povo que mais tarde ele forçaria a derramar ainda mais. Porém depois, ele mesmo, enganado pela perfídia alexandrina, entregou-se a ser varado pelo golpe do escravo mais insignificante e, então, por fim, entendeu como era vã a jactância pelo seu sobrenome.[9]

Porém, para voltar ao ponto de onde eu me afastei do tema, mostrarei também como é supérflua a diligência de algumas pessoas nessa mesma questão: a mesma fonte narrava que Metelo, após conquistar os cartagineses, na Sicília, foi o único de todos os romanos a conduzir 120 elefantes cativos diante de seu carro triunfal. Também narrava que Sula foi o último dos romanos que estendeu os limites do pomério,[10] que, de acordo com o costume dos antigos, podia ser estendido com a aquisição de territórios itálicos, mas nunca com os provinciais. Por acaso há mais benefício em saber disso do que em saber que, como ele mesmo afirmava, o monte Aventino estava fora dos limites do pomério por uma de duas causas: ou porque esse fosse o ponto de secessão da plebe, ou porque, quando Remo consultou os auspícios nesse local, as aves não foram favoráveis; ou em saber muitas outras coisas que são cheias de mentiras ou que parecem mentiras?

09 _ Mas ainda que você admita que as pessoas dizem essas coisas de boa-fé, que escrevem como garantia da verdade, isso diminuiria os eventuais erros delas? Restringiriam os desejos de quem? A quem deixariam mais forte, mais justo, mais honrado? O nosso Fabiano dizia que não sabia se era melhor aplicar-se a esse tipo de estudo ou a estudo nenhum.

SOMENTE
USAM BEM O
ÓCIO AQUELES
QUE SE DEDICAM
À SABEDORIA

CAPÍTULO 14

01 _ Somente usam bem o ócio aqueles que se dedicam à sabedoria, somente esses vivem. Pois não é apenas a própria vida que preservam, mas assimilam todas as outras à sua. Todos os anos que se passaram antes deles foram-lhes por eles mesmos anexados. A não ser que sejamos muito ingratos, os mais ilustres fundadores dos pensamentos sagrados nasceram para nós, prepararam os fundamentos da vida para nós. Somos conduzidos às mais belas coisas arrancadas das trevas para a luz pelo esforço dos outros. Nenhuma época nos é interdita, somos admitidos em qualquer tempo e, se quisermos transcender as angústias da fraqueza humana através da magnanimidade do espírito, há um enorme período de tempo para frequentarmos.

02 _ Podemos debater com Sócrates, descansar com Epicuro, experimentar a dúvida com Carnéades, sobrepujar a natureza humana com os estoicos, excedê-la com os cínicos.

Uma vez que a natureza das coisas permite que compartilhemos de todos os períodos de tempo, por que não nos entregarmos totalmente em espírito, afastando-nos dessa passagem exígua e curta do tempo, às coisas que são eternas, que são comuns aos melhores de todos?

03 _ Mas quanto a esses outros, que correm para lá e para cá em suas funções, que inquietam a si e aos outros, quando tiverem enlouquecido totalmente, quando chegarem a todos os portões todos os dias sem deixar de entrar em nenhuma porta aberta, quando tiverem dado suas saudações interesseiras a casas muito distantes entre si, quão poucas pessoas conseguirão ver em uma cidade tão imensa e arrasada por desejos tão variados?

04 _ Quão numerosos serão aqueles que os afastarão pelo sono, pela luxúria ou pela antipatia? Quantos serão aqueles que, depois de muito enrolá-los, passarão correndo em uma pressa simulada? Quantos serão aqueles que evitarão uma sala cheia de clientes e fugirão por uma porta escondida, como se não fosse ainda mais cruel enganá-los do que evitá-los? Quantos, sonolentos e pesados por conta da bebedeira da noite anterior, mal conseguindo mexer os lábios, dirão, com um bocejo insolentíssimo, o nome (já sussurrado a eles mil vezes) daqueles pobres coitados que interromperam o próprio sono para aguardar que os outros acordem?

05 _ Diremos que se dedicam aos ofícios verdadeiros aqueles que diariamente desejam ter como seus mais próximos companheiros Zenão, Pitágoras, Demócrito e outros grandes mestres das melhores artes, Aristóteles e Teofrasto. Nenhum deles o decepcionará, nenhum deles deixará que não se afaste mais feliz e apaixonado todo aquele que os procurar. Nenhum deles permitirá que alguém se afaste de mãos vazias. Podem ser alcançados por todos os mortais a qualquer hora, de noite ou de dia.

CAPÍTULO 15

01 _ Nenhum desses filósofos o forçará a morrer, mas todos o ensinarão como fazê-lo. Nenhum deles lhe diminuirá os anos, mas todos dividirão os deles com você. Nenhuma conversa com eles será perigosa, nenhuma amizade ameaçará sua vida, e seu culto não será dispendioso. Você trará deles o que quiser. Não serão eles a impedir que você absorva tudo aquilo que lhe convenha.

02 _ Que felicidade, que bela velhice aguarda aquele que se coloca como cliente deles! Esse terá com quem debater as questões, tanto as menos como as mais importantes, com quem se aconselhar diariamente, terá de quem ouvir a verdade sem ser insultado, sem louvores nem adulação, e alguém em cuja semelhança possa se moldar.

03 _ Costumamos dizer que não está em nosso poder escolhermos os pais que nos couberam, que eles são dados aos homens pelo acaso.

Mas está em nosso poder nascermos de onde quisermos. Existem famílias dos intelectos mais elevados: escolha uma pela qual deseja ser adotado. Você herdará não apenas o nome, mas os próprios bens, que não precisarão ser guardados de forma má ou mesquinha. Quanto mais você compartilhá-los, maiores ficarão.

04 _ Eles oferecerão a você o caminho para a eternidade e o elevarão a um lugar de onde ninguém pode ser retirado. Essa é a única maneira de estender a mortalidade e, na verdade, de convertê-la em imortalidade. Honras, monumentos, tudo o que a ambição ordenou por decreto ou erigiu em pedra rapidamente se arruína. Não há nada que a longa passagem do tempo não possa demolir e transformar. Mas nada pode contra as obras consagradas pela sabedoria: nenhum tempo as abolirá, nada as diminuirá. As eras seguintes e as que virão depois delas sempre trarão algo para venerá-las, já que a inveja se concentra no que está próximo, e admiramos mais naturalmente as coisas que estão mais distantes.

05 _ Portanto, a vida do sábio é muito ampla e não se encerra nos mesmos limites que confinam os outros. Apenas ele é livre das leis da espécie humana. Todos os séculos servem a ele como a um deus. Algum tempo passou? Ele o guarda

na memória. O tempo urge? Ele o utiliza. Está por vir? Ele o antecipa. Ele torna a vida longa ao combinar todos os tempos em um só.

CAPÍTULO 16

01 _ É mais breve e conturbada a vida daqueles que se esquecem do passado, negligenciam o presente e temem o futuro. Quando chegam ao fim, pobres coitados, percebem tarde demais que estiveram ocupados demais por tempo demais não fazendo nada.

02 _ Não há motivo para pensar que é prova de terem vivido longamente o fato de que, às vezes, eles invocam a morte. Sua imprudência os perturba com sentimentos incertos, que os conduzem àquilo que temem. Muitas vezes desejam a morte justamente porque a temem.

03 _ Também não é argumento para que você pense que vivem muito pelo fato de que o dia geralmente lhes parece longo ou porque reclamam que se demoram as horas para a chegada do jantar, pois, quando se encerram suas ocupações e são deixados sem nada para fazer, ficam irritados sem saber como dispor de seu tempo livre ou fazê-lo passar. Assim, lançam-se a alguma outra ocupação, e todo o

tempo que resta entre elas lhes é muito pesado; assim como quando é anunciada a data do próximo espetáculo de gladiadores ou quando aguardam a data estabelecida para algum outro espetáculo ou diversão, querem pular os dias que faltam. É longo qualquer atraso de algo que esperam muito.

04 — E o tempo em que amam é breve e fugaz, e torna-se ainda mais breve por sua culpa, pois fogem de um prazer a outro e não conseguem ficar presos a um só. Os dias não são longos para eles, e, sim, odiosos. E, ao contrário, como parecem curtas as noites que gastam nos braços das prostitutas e do vinho!

05 — Daí, então, provém a loucura dos poetas, que alimentam os erros dos homens com histórias, fazendo parecer que Júpiter, dominado pelo desejo sexual, duplicou a duração da noite.[11] O que é esse incendiar de nossos vícios senão inscrever os deuses como autores deles e oferecer desculpas para a licenciosidade de nossa corrupção na forma de um exemplo divino? Podem não lhes parecer brevíssimas as noites que lhes custaram tão caro? Perdem os dias na expectativa da noite, e as noites com o medo da luz.

CAPÍTULO 17

01 _ Mesmo os prazeres dessas pessoas são amedrontados e perturbados por vários tipos de terror, e, bem quando estão mais exultantes, surgem pensamentos incômodos: "Até quando durará?". Por causa desse sentimento, os reis lastimavam seu poder, e nem a grandeza de sua fortuna lhes trazia deleite, mas a perspectiva do fim os aterrorizava. Quando o insolentíssimo Xerxes, rei dos persas, espalhou seu exército por campos imensos e não conseguia mais contá-los, apenas medir a extensão ocupada, verteu lágrimas, pois, em cem anos, nenhum dos jovens daquela enorme potência estaria mais ali.

02 _ Mas o mesmo que chorava foi quem lhes trouxe seu destino, perdendo uns no mar, outros em terra, uns em batalha, outros em fuga e, em pouquíssimo tempo, acabou com todos aqueles pelos quais temia em seu centésimo ano.

03 _ Mas, então, por que até os prazeres dessas pessoas são ansiosos? Por não se apoiarem

em causas sólidas, mas serem perturbados pela mesma vaidade que os origina. E como você acha que são os períodos que eles mesmos confessam serem terríveis, quando até mesmo os momentos alegres, com os quais se exaltam e se elevam acima da humanidade, são pouco íntegros?

04 _ Até as melhores coisas são incômodas, e não se deve confiar menos na fortuna do que quando ela é a melhor de todas. Outra felicidade é necessária para conservar a felicidade e novos votos devem ser feitos no lugar daqueles que foram bem-sucedidos. Tudo que nos vem por acaso é instável, e, quanto mais alto se eleva a fortuna, maior é a chance de ela ruir. As coisas que necessariamente ruirão não agradam a ninguém. Será, portanto, mais miserável, além de mais breve, a vida dos que se esforçam muito para obter aquilo que devem manter com esforço ainda maior. Perseguem com muito empenho o que desejam e mantêm o que conseguiram com grande ansiedade.

05 _ Enquanto isso, não dão atenção ao tempo que nunca mais voltará. Novas preocupações substituem as antigas, esperança excita nova esperança; ambição, a nova ambição. Não procuram um fim para suas misérias, mas mudam a causa delas. Nossos cargos nos atormentam? Gastamos mais tempo com os cargos dos outros. Deixamos de nos ocupar como candidatos? Passamos a apoiar outros.

Abandonamos o incômodo de advogar? Assumimos o de julgar. Alguém deixa de ser juiz? Torna-se conselheiro. Alguém envelheceu recebendo para cuidar das propriedades de outro? Não consegue dar conta das suas próprias.

06 _ Mário abandonou o coturno? Assumirá o consulado.[12] Quíncio[13] se apressa para encerrar sua ditadura? Será reconvocado quando estiver com seu arado. Cipião marchará contra os cartagineses mesmo não estando ainda maduro para tal empreitada. Vencedor de Aníbal, vencedor de Antíoco, glória de seu consulado e garantia para o de seu irmão, e, senão pela sua própria oposição, sua estátua seria colocada ao lado da de Júpiter. Porém discórdia civil trará problema a seu campeão e, tendo desprezado, quando jovem, honras iguais às dos deuses, já na velhice sua ambição se compraz em um exílio contumaz. Nunca faltarão motivos de preocupação, sejam eles felizes ou infelizes; a vida será arrastada ao longo de preocupações: o ócio será sempre um desejo, e nunca um ato.

CAPÍTULO 18

01 _ Assim, meu caríssimo Paulino, afaste-se do vulgo, e, tendo sido arrastado mais do que o merecido pela idade, aproxime-se de um porto mais tranquilo. Considere quantas ondas você suportou, quantas tempestades aguentou na vida privada e, na vida pública, quantas trouxe para si. Sua virtude foi bastante demonstrada por provas laboriosas e incessantes: ponha à prova o que ela poderá fazer no bom ócio. A parte mais longa de sua vida, e certamente a melhor, foi cedida à República. Tome algum tempo para você mesmo.

02 _ Não é para uma inatividade inerte e morosa que eu o convoco, nem para que mergulhe no sono e nos prazeres caros à multidão tudo que em você é de índole vívida. Isso não é aquietar-se. Você encontrará, afastado e seguro, coisas mais importantes para realizar do que todas as que tratou com mais energia até agora. Você certamente administra as contas do mundo com o mesmo cuidado que teria com as contas

de outra pessoa, sendo tão diligente quanto com as suas, tão consciente quanto com as públicas. Você consegue o afeto em um ofício no qual é difícil evitar o ódio. Porém, acredite em mim, é melhor conhecer as contas da própria vida do que o balanço dos estoques públicos.

03_ Recupere esse seu vigor de espírito, o mais capacitado para as coisas mais elevadas, de um cargo decerto bastante honorífico, mas pouco apto à vida feliz, e considere que todo o cultivo das artes liberais que você conduziu desde a juventude não foi para cuidar bem de muitos milhares de sacas de grãos. Você tinha prometido coisas maiores e mais elevadas para si. Não faltarão homens de virtude exata e de serviços cuidadosos. Os lentos jumentos são mais aptos a transportar cargas do que os cavalos de raça, pois quem alguma vez esmagou sua nobre agilidade com fardos pesados?

04_ Considere, além disso, quão aflitivo é se sujeitar a tamanha tarefa: o seu negócio é com o ventre humano, e uma pessoa com fome não cede à razão, não é amansada pela justiça, nem convencida por nenhum argumento. Há pouco tempo, alguns dias após a morte de Gaio César, que faleceu muito agravado (se é que os mortos sentem alguma coisa) por perceber que o povo romano havia sobrevivido a ele e que restavam sete ou oito dias de alimentos, enquanto ele fazia pontes com navios e brincava com os recursos do Império, sofremos o pior dos males, até mesmo para cidades sitiadas: a falta de alimento. Sua imitação de um rei estrangeiro, insano, infeliz e arrogante quase nos levou à destruição, à fome e à ruína de todas as coisas que se seguem à fome.

Que estado de espírito tinham aqueles responsáveis pelos suprimentos públicos de grãos, que estavam no caminho das pedras, do ferro, do fogo e de Gaio? Com grande dissimulação, encobriam esse enorme mal escondido nas entranhas do Estado, e sem dúvidas com razão. Conhecer a sua doença foi a causa da morte de muitos.

RETORNE A COISAS MAIS TRANQUILAS, MAIS SEGURAS, MAIS IMPORTANTES

CAPÍTULO 19

01 — Retorne a coisas mais tranquilas, mais seguras, mais importantes! Acha que dá no mesmo se você se ocupa de garantir que os grãos sejam depositados nos celeiros sem prejuízos, livres das fraudes e negligências dos transportadores, sem se estragarem pelo contato com a umidade ou o calor, e que correspondam à medida e ao peso, ou se você se ocupa de alcançar o conhecimento das coisas sagradas e sublimes, de saber a substância de um deus, sua vontade, seus termos, sua forma, de saber o que o acaso reserva para sua alma, para onde a natureza nos leva após nos libertar de nossos corpos, o que é que sustenta as coisas mais pesadas no centro do universo, suspende as mais leves acima, leva as chamas para o alto, incita as estrelas aos seus movimentos, e de aprender ainda coisas repletas de maravilhas?

02 — Queira elevar sua mente a essas coisas, deixando o chão para trás! Agora, enquanto

o sangue esquenta, é dever dos mais ativos buscar as coisas melhores. Nesse modo de vida repleto de artes excelentes, aguardam-no o amor e o uso das virtudes, o esquecimento dos prazeres, a ciência da vida e da morte, o profundo repouso das coisas.

03 _ A condição de todos os muito ocupados é infeliz, mas é mais infeliz a dos que sequer trabalham com suas próprias ocupações, que dormem um sono alheio, que caminham com os passos alheios, que não são livres nem nas coisas mais livres: amar e odiar. Se esses quiserem saber quão breve é a própria vida, deverão refletir sobre quanto delas pertence a eles mesmos.

CAPÍTULO 20

01 _ Assim, quando você encontrar alguém com a toga de seu cargo, ou algum nome célebre no fórum, não inveje. Essas coisas são obtidas com prejuízo para a vida. Para que um ano receba o nome de alguém, todos os anos de sua vida são sacrificados.[14] A alguns, a vida abandona em meio às primeiras lutas, antes de escalarem até o topo da ambição. Outros, depois de rastejarem por milhares de indignidades para chegar à consumação da dignidade, são tomados da percepção infeliz de que se esforçaram tanto apenas por uma inscrição no túmulo. A alguns, a velhice extrema, enquanto se reorganizam em novas esperanças como se fossem jovens, torna-os inválidos em meio a empreitadas magnânimas e imoderadas.

02 _ Vergonhoso é aquele que, muito velho e buscando a aprovação de uma turba ignorante, dá o último suspiro no tribunal defendendo litigantes completamente desconhecidos. Torpe é aquele que, mais cansado de viver do

que de trabalhar, desmorona no meio de seu ofício. Torpe é aquele que morre no meio da prestação de contas, de quem o herdeiro ri após muito esperar.

03 _ Não posso omitir um exemplo que me ocorre. Turânio foi um velho de comprovada diligência, que, depois dos noventa anos, recebeu a aposentadoria por ordem de Gaio César e ordenou à sua família que o deitasse no leito e o velasse como se tivesse morrido. A casa chorava pelo ócio do velho senhor e não parou até que ele fosse restituído ao trabalho. É tão bom assim morrer ocupado?

04 _ Mas muitos têm essa mesma disposição. Seu desejo pelo trabalho dura mais do que sua capacidade para trabalhar. Enquanto lutam contra a fraqueza do corpo, julgam a velhice um fardo por nenhum outro motivo senão pelo fato de os afastar do trabalho. A lei não convoca um soldado após os cinquenta, não elege um senador após os sessenta. Os homens acham mais difícil conseguir o ócio por si mesmos do que pela lei.

05 _ Nesse meio-tempo, enquanto são roubados e roubam, enquanto um perturba a tranquilidade do outro, enquanto se tornam mutuamente infelizes, sua vida segue infrutífera, sem prazeres, sem nenhum progresso do espírito. Ninguém mantém a morte à vista, ninguém deixa de manter esperanças distantes. Alguns até preparam coisas para depois da

vida, grandes monumentos fúnebres, dedicatórias em obras públicas, oferecimento de jogos fúnebres e exéquias ambiciosas. Na verdade, os funerais dessas pessoas deveriam ser conduzidos com tochas e velas de cera, como se tivessem morrido enquanto ainda eram crianças.[15]

NOTAS

1 Aforismo atribuído ao médico grego Hipócrates.

2 Não se sabe com certeza a qual poeta Sêneca se refere aqui.

3 Iulo, segundo filho de Marco Antônio, foi condenado à morte em 2 a.C. por adultério com Júlia, a filha de Augusto mencionada na frase anterior, caracterizada como a segunda Cleópatra "com seu Antônio".

4 Nas primeiras décadas da era cristã, a lança do pretor ficava fincada no chão durante os leilões públicos.

5 É importante notar que, para Sêneca, "ócio" não é uma palavra de sentido negativo. Trata--se do contrário de "negócio", da ocupação do trabalho. O ocioso usa seu tempo livre com prazer e sabedoria. O descanso das atividades do negócio proporciona o tempo adequado para aprender a viver.

6 Gênero popular teatral greco-romano no qual se parodiavam costumes da época. O nome faz alusão ao conceito de "imitação".

7 Sêneca critica aqui os *grammatici* ("gramáticos") do século 1 d.C.

8   Rei da Mauritânia, envolvido com Sula e Jugurta na Guerra Jugurtina, ocorrida entre 112 e 106 a.C.

9   Pompeu Magno, ao perder a guerra civil contra César na Batalha de Farsalos (48 a.C.), pediu asilo ao rei Ptolomeu XIII, mas foi assassinado por um de seus escravos.

10   O pomério era um limite sagrado da cidade de Roma, a partir do qual não se podiam mais consultar os auspícios romanos.

11   O mito do nascimento de Hércules envolve Júpiter apaixonado por Alcmena, esposa do general Anfitrião, a quem o deus engana tomando a feição do marido e alongando a noite que passam juntos. Essa versão do mito é encontrada, por exemplo, na comédia *Anfitrião*, de Plauto.

12   Após a Guerra Jugurtina, o general romano Caio Mário foi cônsul diversas vezes. Daí a alusão a seu nome como alguém que não para de assumir cargos.

13   Quíncio Cincinato foi apontado como ditador em 458 a.C. e novamente em 439 a.C.

14   Os anos romanos, naquele período, eram identificados pelos nomes dos cônsules que ocuparam o cargo.

15   Os funerais de crianças eram realizados à noite, acompanhados apenas por tochas.

SOBRE A TRANQUILIDADE DA ALMA
Para Sereno

CAPÍTULO 1

01 _ [Sereno:][1] Enquanto me examinava, Sêneca, percebi que havia alguns vícios aparentes, descobertos, abertamente dispostos à altura da mão, e outros mais obscuros, escondidos, além de alguns que não eram contínuos, mas retornavam em intervalos. Estes últimos, eu diria, são os mais nefastos, como inimigos que nos surpreendem, saltando do nada de acordo com a ocasião, fazendo com que não seja possível estar preparado como na guerra nem tranquilo como em períodos de paz.

02 _ Porém, muitas vezes, me percebo nesse estado (por que não admitiria, como se estivesse falando a um médico?): nem genuinamente livre das coisas que temia e odiava, nem vulnerável. Vejo-me em um estado que não é o pior de todos, mas que é muito queixoso e lastimável: nem doente nem são.

03 _ Não há por que me dizer que os princípios de todas as virtudes são frágeis e que com o tempo elas adquirem força e dureza. Não

ignoro que até mesmo as que cultivamos pela aparência — falo do prestígio e da fama que vêm da eloquência e o que quer que venha da opinião dos outros — ficam mais fortes com o tempo. As coisas que trazem vigor verdadeiro e as que servem para agradar com alguma dissimulação aguardam anos até que, aos poucos, a constância lhes traga alguma cor. Contudo, eu temo que o costume, que traz constância às coisas, finque esse vício mais fundo em mim. O longo contato traz o gosto tanto pelas coisas boas quanto pelas más.

04 _ Essa enfermidade da mente,[2] que vacila entre duas posições e não pende com força nem para as coisas corretas nem para as coisas perversas, não consigo demonstrá-la de uma vez para você, mas, sim, por partes. Direi as coisas que acontecem comigo; você encontrará um nome para a doença.

05 _ Confesso que me toma um grande amor pela parcimônia: não me agrada um leito disposto para a ostentação, nem vestes retiradas de uma arca, forçadas a brilhar pelo peso de mil passadas a ferro; prefiro as domésticas e humildes, que não precisam de grande atenção para a conservação ou para se vestir.

06 _ Agrada-me não o alimento que seja preparado por uma multidão de criados, que depois me veem comer, encomendado com muitos dias de antecedência, preparado por muitas mãos, mas o que é fácil de preparar, que não tenha

ingredientes preciosos ou difíceis de serem encontrados, e que não faltará em nenhum momento, que seja leve para o bolso e para o corpo, e que não volte por onde entrou.[3]

07 _ Agradam-me um servo mal-arrumado e um escravinho caseiro rude, a prataria pesada de meu pai rústico sem assinatura do artesão e uma mesa que não chame a atenção pela variedade de detalhes marcados, que não seja conhecida pelas muitas sucessões de donos refinados na cidade, mas uma que seja posta para o uso, que não chame a atenção dos olhos dos convivas por conta do prazer e que não acenda sua inveja.

08 _ Porém, ainda que essas coisas me agradem muito, minha mente é capturada por todo o aparato do conjunto de pajens de alguém, vestidos com mais cuidado do que o normal, escravos adornados de ouro, toda uma tropa de servos brilhantes. A casa, preciosa até no piso, até mesmo nos tetos resplandecentes e com riquezas dispostas em todo canto, recebe multidão de convivas que acompanham a dissolução do patrimônio. Preciso falar das piscinas de águas cristalinas fluindo ao redor dos convivas, do banquete adequado a esse cenário?

09 _ Tendo passado muito tempo imerso em frugalidade, a luxúria me envolve com enorme esplendor e reverbera por todos os lados. Minha vista vacila um pouco, e afasto minha mente mais facilmente que meus olhos.

Afasto-me não pior, mas mais triste, e avanço menos altivo em meio a essas minhas posses frívolas, uma mordida silenciosa me assola, assim como uma dúvida: se essas coisas são melhores ou não. Nada disso me muda, mas nada também me abala.

10 _ Agrada-me seguir os nossos ensinamentos e ingressar na vida pública. Agradam-me as honras e as insígnias, não por ter sido tomado pelo desejo da púrpura e dos cetros, mas para que eu me torne mais útil e preparado para ajudar tanto os amigos e os mais próximos, como todos os cidadãos, e até mesmo todos os seres humanos. Sigo prontamente a Zenão, Cleantes e Crisipo, ainda que nenhum deles tenha ingressado na vida pública, tendo, porém, conduzido outros.

11 _ Quando alguma coisa perturba a mente desacostumada a ser atacada, quando algo acontece sem que mereçamos, como muitas coisas que acontecem na vida, ou quando nos assolam questões difíceis, ou coisas de pouco valor que demandam muito tempo, volto-me ao ócio e, assim como faz o gado cansado, é mais rápido meu retorno para casa. Agrada--me viver a vida dentro de meus próprios muros: "Que ninguém tire de mim nenhum dia, pois nada trará de volta algo tão valioso. Que a mente possa cuidar de si, apoiar-se em si mesma, que não tenha que fazer nada que lhe seja alheio, nada que demande um juízo

externo, e que a tranquilidade seja apreciada, livre das preocupações públicas e privadas".

12 — Porém, quando alguma leitura mais forte me eleva o espírito e exemplos nobres me atravessam como espinhos, desejo correr até o fórum, emprestar minha voz a um homem, meu serviço a outro, ainda que não seja útil, mas para tentar sê-lo, e combater a arrogância de algum outro que esteja cheio demais de si por conta de uma fortuna favorável.

13 — De fato, nos estudos, considero melhor contemplar os próprios assuntos e falar a partir deles, entregar as palavras aos temas, de modo que um discurso simples siga para onde eles o conduzirem: "Qual é a necessidade de compor textos que perdurem pelos séculos? Por que você não para de trabalhar, para que os pósteros não silenciem sobre você? Você nasceu para a morte, e um funeral silencioso é menos incômodo. Então escreva algo em estilo simples, à sua maneira, para ocupar o tempo, não para ser publicado. Menos esforço é necessário aos que estudam para o seu dia".

14 — Mas, de novo, quando o espírito se eleva pela grandiosidade de seus pensamentos, torna-se ambicioso nas palavras e deseja falar de modo tão elevado quanto sua inspiração, e o discurso avança em direção à dignidade dos temas, então, tendo me esquecido da regra e de meu juízo mais firme, sou levado para as alturas com palavras já não minhas.

15 _ Para não me deter em detalhes por muito tempo, essa fragilidade da boa mente me persegue em todas as questões. Temo que, aos poucos, eu me esvazie ou, o que é mais perturbador, que eu fique pendurado, como se estivesse prestes a cair, e que talvez a situação seja pior do que eu consiga perceber. Nós sempre olhamos amigavelmente para as coisas familiares, e esse favorecimento obscurece nosso juízo.

16 _ Creio que muitos poderiam alcançar a sabedoria se não pensassem que já a alcançaram, se não tivessem escondido certas coisas sobre si mesmos, se não tivessem passado por outras com olhos fechados. Pois não há motivo para pensar que a adulação alheia nos arruína mais do que a nossa. Quem ousa dizer a verdade para si mesmo? Quem, embora esteja em meio a uma multidão de bajuladores, não é, ainda assim, o maior bajulador de si?

17 _ Assim, peço-lhe, caso tenha um remédio para estancar essa minha flutuação, considere-me digno de dever minha tranquilidade a você. Eu sei que esses movimentos do espírito não são perigosos e não trazem nada de muito tumulto. Para lhe explicar com uma analogia mais verdadeira: não me incomoda a tempestade, mas a náusea. Portanto, me alivie desse mal, qualquer que seja ele, e socorra aquele que sofre já com terra à vista.[4]

OS PRINCÍPIOS DE TODAS AS VIRTUDES SÃO FRÁGEIS

CAPÍTULO 2

01 Sêneca: Já há um bom tempo, me pergunto em silêncio, Sereno, a que deveria comparar tal estado mental, e não encontro nenhum exemplo mais próximo do que o daqueles que, libertados de uma longa e severa doença, por vezes são acometidos de curtos estados febris e calafrios leves e, tendo escapado de todo o resto, inquietam-se com suspeitas e, já sãos, estendem as mãos aos médicos, caluniando qualquer calorzinho de seus corpos. Desses, Sereno, não é que o corpo seja pouco são, mas sim pouco acostumado à saúde, assim como haverá, de fato, alguma ondulação mesmo em um mar tranquilo, especialmente quando tiver se acalmado depois da tempestade.

02 Assim, não serão necessárias as medidas mais severas pelas quais já passamos, como às vezes opor-se a si mesmo, às vezes irar-se, às vezes impor-se grande pressão, mas, sim, aquela que veio por último: ter fé em si mesmo e confiar que está no caminho correto, e não

afastado pelas pegadas das muitas pessoas que atravessam correndo para todo lado, algumas delas correndo em torno do próprio caminho.

03 _ O que você busca, na verdade, é algo de grandioso, excelente e próximo do divino: não se abalar. Os gregos chamam essa estabilidade da mente de *euthymia*, sobre a qual há um excelente tratado de Demócrito. Eu a chamo de tranquilidade, pois não é necessário imitar nem transferir as palavras com as letras gregas: o próprio assunto, aquilo de que tratamos, deve ser simbolizado por algum nome que tenha o significado do termo grego, não a sua aparência.

04 _ Portanto, investigamos como a mente pode seguir um caminho sempre estável e favorável, propício a si mesma, que se observe feliz e que não interrompa essa alegria, mas permaneça em estado plácido, sem se exaltar nem se rebaixar. Isso será a tranquilidade. Investiguemos na totalidade como se pode alcançar esse estado. Você pode usar o quanto quiser desse remédio total.

05 _ Para isso, devemos trazer todos os vícios à vista de todos, para que cada um reconheça sua parte neles. Ao mesmo tempo, você perceberá que tem menos dificuldade com a autocrítica do que aqueles que, amarrados a um discurso grandiloquente, que laboram sob um título grandioso, estão presos

a uma simulação mais por pudor do que pela vontade.

06 _ Todos estão na mesma situação, tanto os que são incomodados pela instabilidade, pelo tédio e por mudanças contínuas de propósito, aos quais sempre agrada mais o que já não têm, quanto aqueles que ficam inertes e bocejam. Acrescente aqueles para quem o sono é difícil e que ficam se revirando, escolhendo esta e aquela posição, até que encontram o repouso no cansaço. E, reformando o estado de sua vida, chegam, por fim, ao estado em que são tomados não pelo ódio da mudança, mas pela velhice, que tem preguiça de renovação. Acrescente também aqueles que, não pelo vício da constância, mas pelo da inércia, são pouco flexíveis e vivem não como querem, mas como começaram a viver.

07 _ Essa doença tem muitas propriedades, mas apenas um efeito: incomodar-se consigo mesmo. Ela emerge das intempéries do espírito e de desejos temerosos ou pouco favoráveis, que ou não ousam alcançar o quanto querem, ou não conseguem, e ficam apenas na esperança. Ficam sempre instáveis e inquietos, como acontece com os que ficam suspensos. Buscam de toda forma realizar os seus votos, determinando a si mesmos e se forçando a coisas difíceis e pouco honrosas, e, quando o esforço não é recompensado, uma desgraça vã os atormenta, e se condoem não por terem

desejado coisas perversas, mas porque as desejaram em vão.

08 _ É, então, que os acomete o arrependimento por terem começado e o temor de recomeçar, e insinua-se uma agitação da mente que não encontra saída, pois não consegue mandar em seus desejos, nem os obedecer. Além disso, surge a hesitação de uma vida desregulada e do desgaste de uma mente entorpecida pelos votos abandonados.

09 _ Essas coisas são mais graves quando o ódio pelo esforço infrutífero leva os homens ao ócio e aos estudos solitários. A mente, moldada para a vida pública e propensa à ação, não pode aceitar isso e se vê tendo poucos recursos para consolar-se. Dessa forma, removidos os deleites trazidos pela ocupação constante dos que correm para todo lado, a mente não suporta a casa, a solidão, os muros e, contrariada, se percebe deixada a si mesma.

10 _ Daí vêm o tédio e a insatisfação consigo, a vacilação de um espírito sem morada, o triste e doentio suportar do próprio ócio. Em especial quando é vergonhoso admitir as causas, e a vergonha conduz a tormentos internos; os desejos, espremidos em um espaço muito pequeno e sem saída, se estrangulam. Daí o sofrimento, a decadência e as mil flutuações da mente incerta, mantida em suspenso pelas esperanças não realizadas, perdidas e tristes. Daí aquele sentimento dos que detestam o ócio

e reclamam que não têm nada para fazer, e também a mais perniciosa inveja dos sucessos alheios. Pois a inércia infeliz alimenta a inveja e faz desejar que todos sejam destruídos, pois não conseguiram crescer eles mesmos.

11 – A partir desse desgosto com o sucesso dos outros e da falta de esperança com os seus, a mente revolta-se contra a fortuna e reclama dos tempos, retirando-se para os cantos e incubando suas aflições até que se canse e tenha vergonha de si. Pois, por natureza, a mente humana é ágil e dada ao movimento. Toda possibilidade de exercitar-se e de distrair-se lhe é grata, e mais grata ainda a todos os piores intelectos, que, de bom grado, se acabam com quaisquer ocupações. Assim como algumas feridas buscam mãos que as cutuquem e se regozijam com o toque, e a coceira se deleita ao finalmente ser coçada, essas mentes não são diferentes, pois a elas, para as quais os prazeres irrompem como úlceras feias, o sofrimento e a vergonha são prazerosos.

12 – Há, também, algumas coisas que deleitam nossos corpos com algum tipo de dor, como se virar ou mudar para um lado que ainda não está cansado, e refrescar-se com uma posição seguida de outra. É assim com Aquiles de Homero, ora de bruços, ora de costas, posicionando-se de vários modos, o que é próprio de um doente: não aguentar nada por muito tempo e fazer uso das mudanças como remédios.

13 . É por isso que as pessoas empreendem longas viagens e vagam pelas praias, e sua inconstância, sempre incomodada pelo presente, aparece ora no mar, ora na terra. "Agora vamos à Campânia." Mas logo se cansam do luxo. "Vamos para o mato, busquemos os bosques de Brútio e da Lucânia." Mas falta charme em meio a esses lugares desertos, algo em que os olhos luxuriosos se aliviem da rudeza desolada desses espaços: "Vamos para Tarento, seu elogiado porto e seu inverno mais ameno, uma região rica até mesmo para os padrões dos povos antigos". "Mudemos a rota agora em direção à cidade." Os ouvidos já carecem da estridência dos aplausos por tempo demais, e elas já têm vontade até de ver sangue humano sendo derramado.

14 . Tomam um caminho após o outro e trocam um espetáculo por outro. Como disse Lucrécio: "Cada um, dessa forma, foge de si". Mas de que adianta, se ele não consegue escapar de si? Ele acaba seguindo a si mesmo e se pressiona como um companheiro excessivamente pesado.

15 . E, assim, devemos saber que o problema que nos oprime não é dos locais, mas de nós mesmos. Somos fracos para suportar qualquer coisa, não aguentamos nem o esforço nem o prazer, nem nós mesmos nem coisa alguma por muito tempo. Isso levou alguns à morte, pois as mudanças frequentes de propósitos acabavam

retornando às mesmas coisas, sem deixar espaço para a novidade. A vida e o próprio mundo passaram a ser um fardo para eles, e algo a partir de sua indulgência pútrida lhes acomete: "Até quando as mesmas coisas?".

CAPÍTULO 3

01 _ Você me pergunta o que eu acho que deve ser usado como auxílio contra esse tédio. O melhor seria, como diz Atenodoro, ocupar--se com questões práticas, com a administração pública e os deveres civis. Pois, assim como alguns passam o dia buscando o sol, os exercícios e o cuidado com o corpo — como para os atletas é de longe muito útil fortalecer os músculos e o fôlego, a que se dedicam unicamente na maior parte do tempo —, para você, que prepara o espírito para os certames públicos, o mais excelente, de longe, é engajar--se nessa tarefa. Pois, quando alguém tem o propósito de tornar-se útil para os cidadãos e para a humanidade, ao mesmo tempo se exercita e progride ao se colocar em meio aos deveres, administrando as questões comuns e privadas em sua melhor capacidade.

02 _ "Mas, quanto a isso", diz Atenodoro, "com tão insana ambição dos homens e tantos caluniadores distorcendo as coisas corretas em

coisas piores, a honestidade é pouco segura, havendo sempre mais daquilo que a obstrui do que aquilo que a apoia; devemos, então, certamente nos afastar do fórum e da vida pública. Mas um espírito grandioso sempre tem onde se desenvolver, até mesmo no âmbito privado. Se o ímpeto dos leões e das feras é contido em jaulas, o dos homens é diferente, pois suas ações mais excelentes são realizadas em reclusão.

03 _ "Contudo, ele deve se retirar contanto que, onde quer que esconda seu ócio, queira beneficiar tanto os indivíduos como a coletividade com seu intelecto, sua voz, seu conselho. Pois não é útil ao Estado aquele que apenas apresenta candidatos, defende réus ou vota pela paz ou pela guerra, mas também aquele que encoraja a juventude, que instila a virtude nos espíritos em meio a tamanha carência de bons preceitos, que reprime os que correm em direção às riquezas e à luxúria e, caso não consiga, ao menos os atrasa, esse que conduz sua função pública no privado.

04 _ "Ou é mais útil o pretor urbano, que resolve questões entre estrangeiros e cidadãos romanos, proclamando as palavras de seu assessor aos que vêm consultá-lo, do que aquele que ensina o que é a justiça, a virtude, a paciência, a coragem, o desprezo pela morte, a compreensão sobre os deuses e o quanto a boa consciência é um bem seguro e gratuito?

05 _ "Assim, se você dedicar aos estudos o tempo que retirou dos seus deveres públicos, não terá abandonado nem se esquivado de sua função. Pois não batalha apenas aquele que está na linha de frente e defende o flanco direito ou o esquerdo, mas também aquele que guarda os portões, que cumpre uma posição menos perigosa, mas nada ociosa, que mantém a vigília noturna e cuida das armas. Tais funções, embora afastadas da sangueira, também são consideradas parte do serviço militar.

06 _ "Se você se chamar novamente aos estudos, escapará de todo o desgosto pela vida e não mais ansiará pela noite por estar cansado da luz do dia; você não será mais um fardo para si mesmo nem inútil para os outros. Você irá trazer muitos à amizade, e todos os melhores fluirão até você. A virtude nunca se esconde, mesmo quando é obscura, mas sempre dá sinais de si. Todo aquele que for digno dela encontrará suas pegadas.

07 _ "Pois caso nos abstenhamos de toda interação com outras pessoas e renunciemos à espécie humana, vivendo voltados unicamente a nós mesmos, a essa solidão carente de todo tipo de estudo se seguirá uma falta de coisas a fazer. Começaremos a levantar alguns edifícios, demolir outros, mover o mar e conduzir as águas mesmo contra a dificuldade do terreno, gastando mal o tempo que a natureza nos confiou para gastarmos.

08 _ "Alguns de nós o usamos com parcimônia, outros, prodigamente; alguns o dispendem de modo que consigam prestar contas depois, e outros de modo que nada lhes resta, a mais torpe das situações. Muitas vezes um velho muito avançado em anos não tem nada que possa usar como argumento para provar que viveu longamente senão sua idade."

CAPÍTULO 4

01 — A mim, caríssimo Sereno, pareceu excessivo que Atenodoro tenha se submetido aos tempos e batido em retirada cedo demais. Não nego que em algum momento devemos ceder, mas isso deve ser feito com passos graduais, com as insígnias e a dignidade militar a salvo. São mais respeitados e estão mais seguros com os inimigos aqueles que se entregam com as armas. Isso é o que penso que deve ser feito pela virtude ou pelo que zela pela virtude.

02 — Se a fortuna prevalecer e cortar sua capacidade de agir, não largue as armas e fuja imediatamente, buscando um esconderijo, como se houvesse algum lugar onde a fortuna não o possa perseguir; mas se dedique ao seu ofício com moderação e voluntariamente procure algo em que seja útil para a cidade.

03 — O serviço militar não é possível? Que busque cargos públicos. Deve viver como cidadão privado? Que seja orador. Foi condenado ao

silêncio? Que ajude os concidadãos com apoio tácito. É perigoso até mesmo entrar no fórum? Que seja um bom colega, um amigo fiel e um conviva moderado nas casas privadas, nos espetáculos, nos banquetes. Perdeu os ofícios de cidadão? Que exerça os de ser humano.

04_ Desse modo, com espírito elevado, não nos encerramos entre os muros de uma única cidade, mas nos entregamos às relações com todo o mundo e declaramos que o mundo é nossa pátria, a fim de que tenhamos um campo mais amplo para a nossa virtude. O tribunal lhe foi fechado, e você foi afastado dos púlpitos e das assembleias? Olhe ao redor quantas regiões tão vastas estão à disposição, quantos povos. Você nunca será banido de uma parte tão grande do mundo que não lhe reste outra maior.

05_ Mas veja se tudo isso não é um vício seu: se você não quer administrar a República senão como um prítane grego, um arauto ou um magistrado cartaginês. E se você não quer ser um militar a menos que seja um general ou um comandante. Mesmo que outros estejam nas primeiras fileiras de soldados e a sorte o tenha colocado na terceira, ainda assim lute com a voz, com a exortação, com o exemplo. Mesmo aquele que tem as mãos cortadas encontra funções que consegue cumprir no exército, como a de estar próximo e apoiar com clamores.

06 _ Faça algo deste tipo: se a fortuna o tiver removido da primeira fileira da República, mantenha-se firme e apoie em voz alta. Se alguém pegá-lo pelo pescoço, fique firme e apoie em silêncio. O ofício de um bom cidadão nunca é inútil: ele é visto e ouvido. Colabora com sua expressão, seu aceno, sua obstinação silenciosa e com sua própria postura.

07 _ Como no caso de alguns remédios, que produzem efeito benéfico somente com o odor, sem o gosto ou o toque, a virtude derrama sua utilidade ainda que a distância e escondida da vista. Se ela sai a caminhar, se se utiliza por si mesma, se vem em resposta a preces, se é forçada a encurtar velas, se é ociosa ou muda, encerrada em um pequeno espaço ou aberta, de qualquer modo que apareça, a virtude é benéfica. Por que você considera pouco útil o exemplo do homem que usa bem o ócio?

08 _ Assim, de longe o melhor é mesclar o ócio com as atividades públicas, uma vez que uma vida ativa é barrada por impedimentos fortuitos ou pela condição do Estado. Pois as coisas nunca estão tão impedidas, que não reste espaço para as ações honradas.

O PIOR DOS MALES É PARTIR DO MEIO DOS VIVOS ANTES DE TER MORRIDO

CAPÍTULO 5

01 _ E por acaso você consegue encontrar uma cidade em condição mais miserável do que foi Atenas quando os trinta tiranos a desmembraram? Eles mataram os melhores, 1.300 homens, e não pararam por aí, sua própria loucura se alimentava. Nessa cidade, estava o Areópago, uma corte muito venerável, na qual havia um Senado e uma assembleia parecida com o nosso Senado, e todos os dias reunia-se um triste colégio de executores, e a cúria infeliz estrangulava-se com tiranos! Poderia uma cidade como essa descansar, quando havia tantos tiranos quanto capangas? De fato, não havia esperança de conseguir a liberdade para os espíritos, e não aparecia espaço para remédio algum contra tão grande força dos males. Onde uma cidade tão mísera encontrou tantos Harmódios?[5]

02 _ Contudo, Sócrates estava entre eles: consolava os pais da cidade em suas lamentações

e exortava os que deploravam o Estado, repreendia os ricos que temiam pelas suas riquezas por terem percebido tarde as consequências de sua avareza, elevando-se como um grande exemplo para os que quisessem imitá-lo ao caminhar livre entre os trinta mestres.

03 _ Porém a própria cidade de Atenas o matou na prisão, e a liberdade não tolerou a liberdade daquele que insultara em segurança toda a tropa de tiranos. Você pode entender, a partir disso, que mesmo em um Estado em conflito há ocasião para que o sábio se destaque, e mesmo em uma cidade florescente e feliz reinam a petulância, a inveja e mil outros vícios terríveis.

04 _ Assim, não importa como o Estado se apresente. Da forma que a fortuna permitir, nos expandiremos ou nos contrairemos tal que estaremos em movimento, e não deixaremos o medo nos paralisar. Na verdade, será um homem aquele que, com perigos se aproximando de todos os lados, em meio ao frêmito das armas e correntes, não esmagar nem esconder a virtude. Pois enterrar-se não é salvar-se.

05 _ Cúrio Dentato falava a verdade, creio, quando dizia que preferia estar morto a viver, pois o pior dos males é partir do meio dos vivos antes de ter morrido. Mas o que você deverá fazer, caso esteja em um período mais inviável

da República, será dedicar-se mais ao ócio e às letras, como se procurasse um porto em uma viagem perigosa, e não esperar que a situação o liberte, mas afastar-se dela por conta própria.

CAPÍTULO 6

01 _ Contudo, devemos examinar primeiro a nós mesmos, depois as questões que iremos tratar e, então, as pessoas devido às quais ou com as quais o faremos.

02 _ Antes de tudo, é necessário estimar-se a si mesmo, pois, em geral, pensamos que podemos mais do que podemos de fato. Um deslizou por conta da confiança na eloquência, outro ordenou mais de seu patrimônio do que era possível aguentar, o outro exigiu do corpo enfermo uma tarefa laboriosa. A modéstia de alguns é pouco adequada para questões públicas, que demandam uma expressão firme. A obstinação de outros não é adequada para a corte. Alguns não mantêm sua ira sob controle, e qualquer indignação os leva a usar palavras imprudentes. Alguns não conseguem controlar o humor e não se abstêm de piadas perigosas. Para esses, a aposentadoria é melhor que a vida ativa. Uma natureza feroz e impaciente deve

evitar qualquer coisa que incite a franqueza prejudicial.

03 _ Então, as coisas que pretendemos realizar devem ser estimadas, e devemos comparar nossas forças com as coisas que tentaremos empreender. Deve sempre haver mais forças no agente do que na ação. Fardos maiores do que quem os carrega sempre pesam demais.

04 _ Além disso, algumas empreitadas são mais volumosas do que fecundas e acarretam muitas outras. Deve-se fugir daquelas que geram novas e múltiplas ocupações. Não se deve chegar perto de um lugar de onde não haja livre regresso. Devem-se colocar as mãos em tarefas que se pode esperar atingir o fim e abandonar as que avançam para mais longe com a ação e não se encerram onde se havia proposto.

CAPÍTULO 7

01 _ De todo modo, devem-se escolher bem os homens, para ver se são dignos de empenharmos parte de nossa vida a eles, se a perda de nosso tempo se estende também a eles, pois alguns nos cobram para além de nossos deveres.

02 _ Atenodoro diz que sequer jantaria na casa de alguém que não se sentisse em dívida com ele, caso fosse. Creio que você percebe também que ele muito menos iria até aqueles que fazem da mesa o pagamento pelos deveres dos amigos, que contam as refeições como se fossem doações, como se demonstrar honra aos outros os tornasse desregrados. Removam-se as testemunhas e os espectadores, e ele não se deleitará mais em um banquete reservado. Você deve considerar se sua natureza é mais apta à vida ativa ou ao estudo no ócio e à contemplação, e deve se inclinar para onde a força de seu engenho levá-lo. Isócrates pôs as mãos em Éforo de Cime e afastou-o do

fórum, crendo que ele seria mais útil compondo livros de história. Os intelectos respondem mal quando coagidos, e o labor é inútil quando a natureza resiste.

03 _ Contudo, nada deleita mais o espírito do que a amizade doce e fiel. Que enorme bem quando há corações preparados para receber em segurança todo segredo, cujo conhecimento você teme menos do que o seu, cuja fala acalma sua ansiedade, cuja opinião facilita sua decisão, cuja alegria dissipa sua tristeza, cuja própria feição traz alegria! Naturalmente, escolhemos aqueles que são desprovidos de desejos, na medida do possível, pois os vícios rastejam e pulam em todos os que estiverem próximos, prejudicando pelo mero contato.

04 _ Desse modo, assim como durante uma peste devemos cuidar para não nos sentarmos ao lado dos corpos já tomados e febris com a doença, pois atrairemos o perigo e sofreremos até mesmo por sua respiração, ao escolhermos os amigos, daremos atenção aos temperamentos, de modo que consigamos os menos poluídos. O início da doença é misturar os sãos com os doentes. Porém não recomendo que você siga ou atraia senão o sábio. Mas onde irá encontrar aquele que buscamos há tantos séculos? No lugar do melhor de todos, escolha o menos mau.

05 _ Dificilmente você teria a capacidade de uma escolha mais feliz se procurasse os bons entre

Platões, Xenofontes e aquele excelente grupo dos socráticos, ou se tivesse à época de Catão, que gerou muitos homens dignos de nascer nesse período, assim como muitos dos piores de quaisquer outras eras, que cometeram os crimes mais hediondos. Os dois grupos são necessários para que se possa conhecer Catão: pois era necessário haver os bons, que o aprovassem, e os maus, para que ele testasse o seu poder.

06 _ Mas agora, em tamanha escassez de homens bons, você precisa ser menos meticuloso em sua seleção. Devem-se evitar principalmente os tristes e os que deploram tudo, aos quais nada deixa de ser motivo para reclamação. Pode ser que seja leal e benevolente, mas um companheiro perturbado e que se lamenta por tudo é inimigo da tranquilidade.

QUÃO MAIS
FELIZ É AQUELE
QUE NÃO DEVE
NADA A NINGUÉM
EXCETO A SI
MESMO

CAPÍTULO 8

01 _ Passemos aos patrimônios, a principal causa das agruras humanas. Pois, se compararmos os outros motivos de nossas angústias — como as mortes, as doenças, os medos, os desejos, o sofrimento de dores e labores — com os males que o dinheiro nos traz, esta parte será preponderante.

02 _ E, assim, devemos refletir sobre quão mais leve é a dor de não ter posses do que de perdê--las, e entenderemos que, na pobreza, há menos motivos de tormentos, na medida em que há menos possibilidades de perda. Assim, você erra se acha que os ricos suportam as perdas com espírito mais elevado: a dor de uma ferida é igual nos corpos maiores e menores.

03 _ Bion de Boristene[6] disse muito bem que arrancar os pelos não é menos desagradável ao calvo do que ao cabeludo. Você pode notar que estão nesse mesmo lugar os pobres e os abastados, que seu tormento é semelhante: o dinheiro grudou neles e não pode ser

arrancado sem que o sintam. Pois, como eu disse, é mais tolerável e mais fácil não adquirir do que perder; por isso você encontrará mais felizes aqueles que nunca foram valorizados pela fortuna do que aqueles a quem ela abandonou.

04 _ Diógenes, aquele homem de espírito grandioso,[7] percebeu isso e fez com que nada pudesse ser arrancado de si. Chame de pobreza, falta, indigência, coloque o nome vergonhoso que quiser a essa segurança. Eu considerarei que ele não é feliz se você encontrar outro que nada tenha a perder. Ou me engano ou reina entre os avarentos, fraudadores, ladrões e saqueadores aquele que não pode ser prejudicado.

05 _ Se alguém duvida da felicidade de Diógenes, poderá igualmente duvidar da condição dos deuses imortais, se vivem infelizes, pois não têm edifícios, jardins, campos preciosos para outros colonos, nem um grande capital no fórum. Não têm vergonha, vocês que babam pelas riquezas? Vamos, olhem os céus e verão os deuses nus, tudo concedendo, nada possuindo. Você acha que é pobre ou igual aos deuses aquele que se livrou de todos os dons da fortuna?

06 _ Você acha que é mais feliz Demétrio, liberto de Pompeu, que não se envergonhava de ser mais abastado do que o próprio Pompeu? Ele tinha a listagem de seus escravos passada em

revista todos os dias, como se fosse o comandante de um exército; ele, que pouco antes tinha como posses dois pequenos escravos e uma cabana bastante rústica.

07 _ Fugiu o único escravo de Diógenes e, quando lhe informaram onde estava, não achou muito importante recuperá-lo. "Seria torpe", disse, "Manes poder viver sem Diógenes e Diógenes não poder viver sem Manes." Para mim, o que parece que ele está dizendo é: "Siga com seus negócios, Fortuna, já não há nada seu junto a Diógenes. Meu escravo fugiu, mas, na verdade, eu que escapei, estou livre!". Uma família demanda vestimentas, alimentos.

08 _ É necessário olhar por muitos ventres de criaturas avidíssimas, comprar roupas, vigiar as mãos muito leves e fazer uso dos serviços de pessoas que só sabem se lamentar e maldizer. Quão mais feliz é aquele que não deve nada a ninguém exceto a si mesmo, a quem recusa facilmente!

09 _ Contudo, como não temos tanta firmeza, devemos reduzir nosso patrimônio a fim de estarmos menos expostos às injúrias da fortuna. Na guerra, são mais hábeis os corpos que cabem em suas armas do que os que vazam para fora dela, com todo o seu tamanho em toda parte se oferecendo aos golpes. A melhor medida quanto ao dinheiro é aquela que não recai na pobreza, mas não está muito afastada dela.

CAPÍTULO 9

01 — Agradará ainda mais essa medida se já estivermos satisfeitos com a parcimônia, sem a qual nenhuma quantidade de riqueza é o bastante nem está suficientemente disponível, em especial porque o remédio está nas proximidades, e a própria pobreza pode se converter em riqueza com o auxílio da frugalidade.

02 — Acostumemo-nos a nos afastar da pompa e a medir a utilidade das coisas, não seu valor ornamental. Que o alimento mate a fome, que a bebida mate a sede, que a libido flua na medida do necessário. Aprendamos a confiar em nossos membros e a compor nosso modo de nos vestir e de nos alimentar, não conforme as modas, mas como aconselham os nossos antepassados. Aprendamos a aumentar nossa moderação, cercear a luxúria, temperar a ambição, suavizar a ira, olhar para a pobreza com olhos tranquilos, cultivar a frugalidade, mesmo que muitos se envergonhem com isso.

Apliquemos aos desejos naturais os remédios preparados com pouco custo, mantenhamos como que acorrentadas as esperanças desenfreadas, com o espírito sempre voltado para as coisas futuras, e busquemos riquezas não na fortuna, mas dentro de nós mesmos.

03 _ Tamanha variedade de injustiças do acaso não pode ser repelida de tal modo que muitas tempestades não atinjam aqueles que abrem velas amplas. Devemos comprimir nossas ações em um pequeno espaço, a fim de que os projéteis caiam no vazio, e é por isso que exílios e calamidades, às vezes, se tornam remédios, e coisas muito difíceis são sanadas por incômodos mais leves. Quando a mente não ouve muito os preceitos e não pode ser curada de modo mais gentil, por que não seria aconselhável que fosse tratada com pobreza, ignomínia e inversão da fortuna, opondo-se males com males? Acostumemo-nos, portanto, a poder jantar sem tantos convidados, a ser escravos de menos escravos, a adquirir vestes para o que elas foram inventadas e a habitar espaços menores. Não só na pista de corrida do circo, mas também nos circuitos da vida é necessário fazer a curva fechada.

04 _ O gasto mais honroso de todos, com os estudos, é razoável desde que não seja desmedido. Para que inumeráveis livros e bibliotecas, se o seu dono não conseguirá ler nem mesmo os títulos durante sua vida toda?

Uma quantidade tão grande não instrui, mas onera o aprendiz, e é mais que suficiente entregar-se a poucos autores do que vaguear entre muitos. Quarenta mil livros queimaram na biblioteca de Alexandria.

05 _ Outros terão louvado o belíssimo monumento da opulência régia, como fez Tito Lívio, que afirma que ela foi uma obra egrégia da elegância e do zelo dos reis. A biblioteca não foi nada de elegância ou zelo, mas, sim, luxúria erudita, e, na verdade, nem erudita, pois adquiriam os livros não para o estudo, mas para a ostentação, assim como para muitos ignorantes até das primeiras letras as vastas bibliotecas não são instrumentos de estudos, mas ornamentos para os banquetes. Comprem-se livros na medida do necessário, e não como enfeite.

06 _ E você dirá: "Esses gastos são mais honrosos do que os gastos com vasos de Corinto ou com pinturas". O excessivo é vicioso em qualquer situação. Por que você perdoaria um homem que adquire estantes de marfim e de cedro, que coleciona obras de autores desconhecidos ou reprováveis e que boceja entre tantos milhares de livros, a quem mais agradam as capas e os títulos de seus volumes? Na casa dos mais preguiçosos, você encontrará algo dos oradores e dos historiadores, com estantes empilhadas até o teto. Agora parece que, além de banhos e termas, uma biblioteca é construída como ornamento necessário em uma casa. Eu perdoaria

o erro se ele viesse de um desejo excessivo pelos estudos. Mas agora essas obras de tão sagrados intelectos, copiadas com imagens dos autores, são compradas para enfeitar e adornar as paredes.

CAPÍTULO 10

01 _ Porém talvez você tenha caído em uma espécie difícil de vida, e sua fortuna pública ou privada talvez tenha colocado um laço em seu pescoço sem que você tenha percebido, um laço que você não consegue desatar nem cortar. Considere que os prisioneiros primeiro suportam muito mal o peso das correntes impedindo o movimento de suas pernas. Então, quando deixam de se indignar e passam a suportar, a necessidade os ensina a levar o fardo com mais força e o hábito, com mais leveza. Em todo tipo de vida você irá encontrar agrados, relaxamentos e prazeres se quiser levar os males com leveza em vez de torná-los odiosos.

02 _ Não nos serviu melhor a natureza quando, sabendo que nasceríamos para as aflições, inventou o hábito para a suavização das calamidades, rapidamente trazendo-nos familiaridade com as coisas mais difíceis. Ninguém perduraria se a assiduidade das adversidades tivesse a mesma força que o primeiro golpe.

03 — Todos estamos amarrados à fortuna. As correntes de alguns são douradas e frouxas, e as de outros são apertadas e sórdidas, mas que diferença faz? A mesma catividade enredou a todos, e estão amarrados até mesmo os que amarraram, a não ser que pense que a corrente é mais leve do lado do captor. Alguns são amarrados pelos cargos, outros, pelas riquezas. A alguns a nobreza, a outros a origem humilde oprime. O poder de outros paira sobre a cabeça de alguns, e o próprio sobre a cabeça de outros. A alguns o exílio mantém no mesmo lugar; a outros, o sacerdócio.

04 — Toda a vida é servidão. Assim, devemos nos acostumar com a nossa condição e reclamar o mínimo possível dela, tomando para si tudo aquilo de bom que ela trouxer. Nada é tão terrível, que em um espírito tranquilo não encontre consolo. Muitas vezes, um espaço pequeno apresenta muitas utilidades com a arte do arquiteto, e não importa quão apertado, a boa disposição o torna habitável. Aplique a razão às dificuldades: as coisas duras podem ficar mais suaves, as estreitas, mais largas, e o modo de lidar pode tornar as coisas pesadas menos opressoras.

05 — Além disso, não devemos mandar nossos prazeres para muito longe, mas deixemos que saiam pelas redondezas, pois não suportam ficar totalmente confinados. Tendo sido abandonadas as coisas que ou não podem ser feitas

ou podem ser feitas com muita dificuldade, persigamos as coisas próximas e que provocam a nossa esperança, mas saibamos que todas são igualmente fúteis, tendo diferentes aparências por fora, mas sendo igualmente vazias por dentro. Não invejemos os que estão mais acima: o que parece elevado é só muito íngreme.

06 _ De novo, aqueles a quem a má fortuna deixou na incerteza estarão mais seguros removendo o orgulho pelas coisas que são em si mesmas orgulhosas e rebaixando sua fortuna o máximo possível ao nível mais raso. Muitos são obrigados a permanecer em seu cume, do qual não podem descer senão caindo, mas atestarão que esse é seu fardo mais pesado, pois são impelidos a ser um peso para os outros, e não elevados às alturas, mas pregados lá. Através da justiça, da calma e da humanidade, que eles preparem com mão generosa e benigna muitas proteções para uma queda favorável, de modo que, por conta da esperança, estejam suspensos com mais tranquilidade. Porém nada nos livrará tão bem dessas flutuações do espírito do que sempre determinar algum limite para o progresso, não dar à fortuna a decisão de encerrar, mas parar bem antes dele, como nos ensinam os exemplos. Assim, alguns desejos afiarão o espírito, mas, finitos, não levarão a regiões vastas e incertas.

CAPÍTULO 11

01 — Este meu discurso diz respeito aos imperfeitos, aos medianos e aos não muito sãos, e não ao sábio. Este não precisa andar com receio ou hesitante, pois tem tamanha confiança em si que não vacila ao encarar a fortuna e jamais lhe cederá espaço. Não há por que temê-la, pois não somente suas propriedades, posses e posição social, mas também seu corpo, os olhos, as mãos e o que quer que torne a vida mais cara para um homem, incluindo a si mesmo, ele conta como coisas transitórias e vive como se as tivesse tomado emprestado, tendo que devolver sem tristeza quando for cobrado.

02 — Porém ele não se vê como indigno por saber que não é seu, mas faz tudo com tamanha diligência e circunspecção quanto um homem santo e religioso costuma cuidar do que é confiado à fé. E quando for ordenado a devolver, não reclamará da fortuna, mas dirá: "Agradeço por tudo que consegui e mantive.

03 ‗ "Cuidei de sua propriedade com grande recompensa, mas, já que assim me ordena, devolvo, cedo, agradecido e de bom grado. Se ainda quiser que eu guarde algo que é seu, guardarei. Se agrada de outra forma, devolvo agora minha prata trabalhada e gravada, minha casa e minha família. Receba de volta." Se a natureza pedir de volta o que nos confiou, a ela também diremos: "Receba meu espírito melhor do que quando me deu. Não dou as costas nem fujo. Você me tem voluntariamente preparado para devolver o que me deu antes de eu ter consciência: leve-o embora".

04 ‗ O que há de mal em voltar por onde veio? Viverá mal todo aquele que não souber morrer bem. Assim, devemos diminuir o valor que antes dávamos para isso e contar a respiração entre as coisas de pouco valor. Como diz Cícero, vemos com maus olhos os gladiadores que desejam a todo custo manter sua vida, mas os favorecemos se mostram desprezo por ela. Você deve saber que o mesmo acontece conosco: pois com frequência a causa da morte é justamente o medo de morrer.

05 ‗ A fortuna, que joga seus jogos, diz: "Por que eu cuidaria de você, animal vil e covarde? Você será ainda mais ferido e perfurado, pois não sabe oferecer a garganta. Mas viverá mais tempo e morrerá mais rápido se não afastar o pescoço do ferro ou tentar impedi-lo com as mãos, mas, ao contrário, aceitá-lo com coragem".

06 — Aquele que teme a morte nunca fará nada digno de um homem vivo. Mas aquele que souber que essa foi a condição logo que foi concebido viverá de acordo com a regra e, ao mesmo tempo, manterá a força de espírito, de modo que nada do que aconteça com ele venha de forma inesperada. Pois, ao prever tudo o que pode acontecer como se fosse mesmo acontecer, ele suavizará o ímpeto de todos os males, que não trazem nada de novo para quem espera e se prepara, mas que vêm com muito peso para os despreocupados, que esperam apenas bênçãos. Doença, cativeiro, ruína, fogo: nada disso é inesperado.

07 — Eu já conhecia a companhia tumultuosa em que a natureza me confinara. Muitas vezes, próximo a mim, houve gritos de lamento. Muitas vezes, diante de minha porta, as tochas conduziram funerais prematuros. Muitas vezes, soou ao meu lado o estrondo de um edifício ruindo. Muitos dos que estavam ligados a mim pelo fórum, pela cúria, pela conversa foram levados em uma só noite, que separou as mãos unidas em amizade. Eu deveria me espantar quando chegarem os perigos que sempre estiveram me rondando? A maior parte dos homens não pensa na tempestade quando vai navegar.

08 — Nunca me envergonho de citar palavras boas de um mau autor. Publílio, muito mais vigoroso do que os trágicos e os cômicos quando deixava de lado as bobagens dos mimos e as palavras que miram os espectadores mais distantes, entre muitos versos mais fortes do que qualquer coisa das tragédias ou comédias, disse o seguinte: "O que pode acontecer a um homem pode acontecer a todos". Se alguém levar isso bem a sério e observar todos os males alheios, que todos os dias são muito abundantes, e perceber que os males têm livre acesso a ele, se protegerá bem antes de ser atacado. É tarde demais para o espírito instruir-se para suportar os perigos depois que eles chegam.

"Não pensei que isso aconteceria." "Quem acreditaria que isso podia acontecer?" E por que não? Que riqueza não é logo seguida por carestia, fome e mendicância? Que posto há cuja toga pretexta, cetro augural e calçado patrício não sejam acompanhados por sujeira, reprovação bem conhecida, milhares de manchas e desprezo extremo? Que reino existe para o qual não estejam preparados a ruína, o tripúdio, o tirano e o executor? E essas coisas não estão separadas por grandes intervalos, mas entre o trono e o curvar-se aos joelhos alheios há o intervalo de uma hora.

Saiba, então, que toda condição é reversível e que tudo que puder acontecer a alguém pode acontecer a você. Você é rico: mas por acaso é mais rico que Pompeu? A este, Gaio Calígula, velho parente e novo anfitrião, abriu o palácio de César para fechar o seu, faltou pão e água! Mesmo com tantos rios que nasciam e se encerravam em seu território, mendigou por gotas d'água. Morreu de fome e sede no palácio de seu parente, enquanto seu herdeiro preparava suas exéquias públicas![8]

11 _ Você teve as funções mais elevadas: mas foram tão elevadas e inesperadas quanto as de Sejano? No dia em que o Senado o conduziu ao fórum, foi esquartejado pelo povo. Dele, em quem os deuses e os homens empilharam tudo de honroso que puderam, nada sobrou para o carrasco.

12 _ Você é um rei: não o remeterei a Creso, que, vivo, viu sua pira fúnebre ser acesa e extinta, tornando-se sobrevivente não apenas de seu reino, mas também de sua morte.[9] Também não a Jugurta, que o povo romano viu acorrentado no mesmo ano em que aterrorizara a todos.[10] Vimos Ptolomeu, rei da África, e Mitrídates, rei da Armênia, sob custódia de Gaio Calígula. Um foi exilado, outro desejava ser solto com melhor garantia. Com essas revoluções tão grandes nas situações, que às vezes são para melhor, às vezes para pior, se você não considera tudo que pode acontecer como futuro possível, está trazendo contra si o poder das coisas adversas, poder que qualquer pessoa previdente consegue destruir.

CAPÍTULO 12

01 _ Nosso próximo objetivo será não nos esforçarmos por coisas ou motivos supérfluos, ou seja, não desejarmos aquilo que não podemos conseguir ou, tendo conseguido, entender já tarde, depois de muita vergonha, a vacuidade de nossos desejos. Isto é, o esforço não deve ser inútil nem sem efeito, nem indigno do próprio esforço. Pois, em geral, segue-se daí a tristeza, caso não se consiga algo ou, uma vez conseguido, se esse algo traz vergonha.

02 _ Devemos cortar a correria típica de grande parte dos homens, que ficam vagando entre casas, teatros e fóruns: eles se envolvem nos negócios dos outros, sempre parecendo comprometidos com alguma questão. Se você perguntar a algum deles, enquanto está saindo de casa, "Para onde você vai? O que você está pensando?", ele lhe responderá: "Na verdade, não sei. Mas vou encontrar algumas pessoas, vou fazer alguma coisa".

03 _ Eles vagam sem propósito, procurando ocupação, e fazem não aquilo que tinham se decidido a fazer, mas, sim, o que aparece. Sua correria é despropositada e fútil, como formigas sem rumo pelos arbustos, que ora sobem até a ponta da folha, ora descem, em vão. Muitos vivem uma vida semelhante à delas, que poderíamos justificadamente chamar de ócio inquieto.

04 _ Você teria pena de alguns deles, correndo como se estivessem acudindo a um incêndio. Eles trombam nos que encontram no caminho, derrubando-se e aos outros, quando muitas vezes correm para saudar alguém que não saúda de volta, ou para seguir o cortejo fúnebre de um desconhecido, ou participar do julgamento de um litigante frequente, ou do casamento de uma noiva frequente; e, tendo perseguido uma liteira, acabam em várias partes da cidade. Então, quando voltam para casa com um cansaço supérfluo, juram que não sabem por que saíram, para onde foram, só para vagar no dia seguinte pelos mesmos caminhos.

05 _ Assim, que todo o seu esforço tenha propósito, que tenha foco em algo. Não é a atividade que deixa os homens inquietos, mas são as falsas imagens das coisas que os tornam insanos. Pois nem mesmo estes se movem sem alguma esperança. O que os provoca é a aparência externa de algo, cuja futilidade sua mente tomada não percebe.

06 _ Do mesmo modo, cada um desses que saem de casa para engrossar a multidão circula pela cidade por causas fúteis e triviais, e, mesmo não tendo nada para fazer, a luz do dia o expulsa de casa. E tendo batido em vão às portas de muitas pessoas e saudado muitos escravos nomenclatores, e sendo enxotado por muitos, percebe que ninguém é mais difícil de se encontrar em casa do que ele mesmo.

07 _ Desse mal deriva aquele vício tenebroso: bisbilhotice, busca de informações públicas e segredos, conhecimento de muitas coisas que não se podem falar nem ouvir em segurança.

CAPÍTULO 13

01 — Acho que Demócrito aludia a isso quando disse: "Aquele que deseja viver tranquilo não deve ter muitas atividades, nem públicas nem privadas", referindo-se, naturalmente, a atividades supérfluas. Pois, se forem necessárias, tanto no privado como publicamente, não apenas muitas, mas inumeráveis serão as coisas a fazer. Porém, quando não é um ofício solene que nos chama, devemos inibir as ações.

02 — Aquele que faz muitas coisas a todo momento faz com que a fortuna tenha poder sobre si, e o mais seguro é testá-la raramente e, mais, sempre tê-la em mente, e não prometer nada para si contando com ela. "Vou navegar se não me acontecer nada", "Vou me tornar pretor se nada se colocar em meu caminho" e "O negócio vai dar certo, a não ser que algo intervenha".

03 — É por isso que dizemos que nada acontece com o sábio contra sua expectativa: não o

isentamos dos acasos, mas dos erros. Tudo acontece com ele não como quis, mas como antecipou — e ele antecipou, sobretudo, que alguma coisa poderia interferir em seus propósitos. Necessariamente, a dor de um desejo não realizado chegará mais leve ao espírito que não tiver prometido um sucesso definitivo a ele.

CAPÍTULO 14

01 _ Então devemos nos tornar flexíveis para que não nos entreguemos a planos muito firmes e devemos atravessar para o lado a que a fortuna nos estiver conduzindo, não temendo as mudanças de planos ou de condição, contanto que a inquietude – o vício que é o maior inimigo da tranquilidade – não nos tome. Pois a teimosia, de quem a fortuna sempre rouba alguma coisa, é necessariamente ansiosa e miserável, e a inquietude é muito pior, pois não se detém em lugar nenhum. As duas coisas são inimigas da tranquilidade: não poder mudar nem aguentar nada.

02 _ Sem dúvida, o espírito deve se afastar das coisas externas e voltar-se a si mesmo. Deve confiar em si, alegrar-se consigo, respeitar suas posses, afastar-se o máximo possível das coisas alheias e aplicar-se a si mesmo, de modo que não sinta os danos e que veja com bons olhos até mesmo as coisas adversas.

03 _ Tendo sido informado de um naufrágio, nosso Zenão, ao ouvir que todas as suas coisas

haviam afundado, disse: "A fortuna me ordena filosofar mais livremente". Um tirano estava ameaçando de morte o filósofo Teodoro, talvez até sem sepultamento. Então ele lhe disse: "Você tem em seu poder o que quiser, inclusive minha meia taça de sangue, mas, quanto ao que diz respeito à sepultura, é um imbecil se acha que faz diferença para mim se eu apodreço sobre a terra ou abaixo dela".

04 _ Júlio Cano, um homem de enorme grandeza, por quem não temos menos admiração, nem mesmo pelo fato de ter nascido em nossa época, depois de longa altercação com Gaio Calígula, quando decidiu se afastar, esse Fálaris[11] lhe disse: "Para que não se alegre com uma esperança vã, mandei que o executem". Ao que Cano respondeu: "Obrigado, excelente imperador". Não sei o que ele quis dizer, e muitas coisas me ocorrem. Será que ele quis ser insultuoso e mostrar que tamanha crueldade faria da morte um benefício? Ou censurava a demência constante do outro? Pois as pessoas o agradeciam mesmo quando os filhos eram mortos ou os bens eram confiscados. Ou aceitou a morte como se fosse a liberdade? Seja como for, respondeu com grandiosidade.

05 _ Alguém dirá: "Pode ser que depois disso Gaio tenha ordenado que ele vivesse". Mas Cano não temia isso. Era conhecida a confiança que Gaio demonstrava com suas ordens!

Você acredita que Cano passou os dez dias antes de sua execução sem nenhuma ansiedade? É incrível o que ele disse, o que fez, o quão tranquilo ficou.

06 _ Quando o centurião, que trazia uma fileira de condenados, ordenou que ele também fosse chamado, Cano estava jogando damas. Ao ser chamado, contou suas peças e disse a seu colega: "Veja, não vá mentir que me venceu depois que eu morrer". E, então, disse ao centurião: "Você será a testemunha de que eu ganhei por um ponto". Você acha que Cano estava jogando naquele tabuleiro? Ele estava brincando! Os amigos ficaram tristes de perder uma pessoa tão grandiosa.

07 _ E ele lhes dizia: "Por que vocês estão sofrendo? Vocês estão buscando saber se as almas são imortais. Eu logo saberei". E não deixou de investigar a verdade nem mesmo no fim; fez de sua própria morte uma ocasião de questionamento.

08 _ Seu filósofo o acompanhava, e não estavam longe do morro onde aconteciam os sacrifícios diários em honra a nosso deus César. O homem lhe disse: "No que está pensando agora, Cano? O que tem em mente?". Cano lhe respondeu: "Propus-me a observar, naquele momento mais breve, se o espírito perceberá que está deixando o corpo", e prometeu que, se descobrisse algo, circundaria seus amigos e indicaria qual é a condição das almas.

Eis a calmaria em meio à tempestade, eis um espírito digno da eternidade, que chama seu próprio destino como prova da verdade, que, mesmo naquele último instante, questiona sua alma enquanto ela parte e aprende alguma coisa não só até o momento de sua morte, mas a partir dela mesma. Ninguém filosofou mais longe do que ele. Não se deve abandonar rapidamente um homem tal, devemos falar dele com zelo. A você confiaremos uma memória perene, ó, mais glorioso de todos os que foram mortos por Gaio!

É MAIS HUMANO RIR DA VIDA DO QUE CHORAR POR CONTA DELA

CAPÍTULO 15

01 _ Mas não adianta apenas nos livrarmos das causas do sofrimento individual, já que, às vezes, nos ocupa um ódio por toda a humanidade. Quando você pensa em como é rara a franqueza, em como é desconhecida a inocência e como a boa-fé quase nunca aparece, senão quando é útil, quando nos confrontam uma turba de crimes bem-sucedidos, os lucros e os prejuízos do prazer, igualmente odiosos, e a ambição, que vai tão longe que não se contém em seus próprios limites, de modo que brilha através da própria torpeza, o espírito avança noite adentro, como se as virtudes tivessem sido vencidas, as quais já não se pode mais esperar nem oferecem vantagem alguma, e as trevas surgem.

02 _ Dessa forma, devemos nos persuadir de que todos os vícios do vulgo não nos pareçam odiosos, mas ridículos, e devemos imitar antes Demócrito do que Heráclito. Este, sempre que era visto em público, estava chorando,

e aquele, rindo. Para este, todas as nossas ações são desgraçadas e, para aquele, bobagens. Devemos, então, levar todas as coisas com mais leveza e aguentá-las com ânimo tranquilo. É mais humano rir da vida do que chorar por conta dela.

03 _ Acrescente-se também que merece mais a humanidade aquele que ri dela do que aquele que chora por ela. Aquele deixa uma esperança boa para a humanidade, e este, inepto, chora e se desespera pelo que acha que deve ser corrigido. Contemplando as coisas de modo mais amplo, tem espírito mais elevado aquele que não controla o riso do que aquele que não controla as lágrimas, já que o que ri move um afeto muito tranquilo, e não considera nada grandioso, nada severo, nada desgraçado no grande desenho das coisas.

04 _ Que cada um coloque diante de si todos os motivos pelos quais fica feliz ou triste e, então, saberá que é verdade o que disse Bíon: que todas as ações dos homens são muito semelhantes aos inícios e que suas vidas não são mais sagradas ou sérias do que em sua concepção, e que voltarão ao nada os que nasceram do nada.

05 _ Contudo, é melhor aceitar com placidez os costumes do povo e os vícios humanos sem cair no riso ou nas lágrimas, pois é sofrimento eterno ser atormentado pelos infortúnios alheios, e um prazer desumano deleitar-se com os infortúnios do próximo, assim como é um

ato inútil de humanidade chorar por alguém que perdeu um filho e fingir uma expressão de tristeza.

06 _ Quanto a seus próprios infortúnios, o modo adequado de se portar é apresentar o tanto de dor que a natureza exige, não o tanto exigido pelos costumes. Muitos derramam muitas lágrimas apenas para mostrar, e muitas vezes têm os olhos secos quando não há plateia, achando que é vergonhoso não chorar quando todos choram. Tão fundo este mal se fincou, depender da opinião dos outros, que até uma das coisas mais simples, a dor, tornou-se uma simulação.

CAPÍTULO 16

01 _ Segue-se uma parte que costuma entristecer e causar incômodos com motivos justos. Quando são ruins os fins dos homens bons, quando Sócrates é forçado a morrer no cárcere, Rutílio a viver em exílio, Pompeu e Cícero a oferecerem as gargantas a seus clientes, quando Catão, a imagem viva das virtudes, cai sobre sua espada e torna público o que foi feito tanto a si como à República, é necessário que nos atormentemos com o modo como a fortuna oferece suas recompensas iníquas. E o que cada um de nós pode esperar para si ao ver os melhores sofrendo as piores coisas? O quê, então?

02 _ Veja como cada um deles aguentou e, caso tenham sido corajosos, lamente suas perdas com o espírito como os deles; mas, caso tenham morrido de modo frágil e ignóbil, nada, de fato, pereceu. Ou eles são dignos de que você admire suas virtudes ou são indignos de que sua covardia seja desejada. Pois o que há

de pior do que os melhores homens, agindo com coragem, tornarem os outros medrosos?

03 _ Pois louvemos sempre aquele que é digno de louvor e digamos: "Quanto mais corajoso, mais bem-aventurado! Você escapou de todas as desventuras, da inveja, da doença. Você deixou a prisão. Aos deuses, você não pareceu merecer má fortuna nem mereceu que a fortuna tivesse algum poder sobre si". Devemos, na verdade, capturar aqueles que recuam e, na própria morte, ainda anseiam pela vida!

04 _ Não chorarei por ninguém que esteja feliz nem por ninguém que esteja chorando. O primeiro secou minhas lágrimas ele mesmo, e o último fez, com suas lágrimas, que fosse indigno de quaisquer outras. Chorarei por Hércules, que queimou vivo, ou por Régulo, que foi levado à cruz com tantos pregos, ou por Catão, que fere suas feridas com feridas? Todos esses, em pouco tempo, encontraram um modo de serem eternos e atingiram a imortalidade morrendo.

CAPÍTULO 17

01 ▸ Outra fonte de ansiedade não desprezível é quando você se apresenta de modo ansioso e não se mostra com franqueza a ninguém, como é a vida de muitos: falsa, preparada para aparências. É uma tortura a constante observação de si, com medo de ser flagrado de modo diferente do de costume. Nunca nos livramos da preocupação se achamos que, toda vez que somos observados, somos julgados. Pois muitas coisas acontecem que nos desnudam contra a vontade e, mesmo que tamanha diligência de si tenha sucesso, não é feliz ou tranquila a vida daqueles que vivem sempre por trás de uma máscara.

02 ▸ Mas quanto prazer há em uma honestidade sincera e desadornada, que não esconde nada de seu caráter! Porém mesmo uma vida como essa corre o risco do desprezo, se todas as coisas são abertas para todos. Pois há os que desdenham de tudo que tenha se tornado muito familiar. No entanto, não há perigo de

a virtude ser desvalorizada ao ser colocada diante de nossos olhos, e é melhor ser desprezado pela honestidade do que ser atormentado pela simulação perpétua. Tenhamos, porém, moderação na questão. Faz bastante diferença se você vive de forma honesta ou negligente.

03 _ Também devemos nos voltar a nós mesmos muitas vezes. Pois a associação com pessoas muito diferentes chacoalha as coisas bem estabelecidas, renova os afetos e incendeia tudo de frágil e ainda não totalmente curado que houver na mente. Assim, é necessário misturar e alternar a solidão e a multidão. Aquela nos trará a vontade das pessoas, e esta, de nós mesmos. Uma será o remédio da outra. A solidão curará o ódio da multidão, e a multidão curará o fastio da solidão.

04 _ E a mente não deve ser mantida em tensão constante, mas deve dedicar-se à diversão. Sócrates não tinha vergonha de brincar com as crianças, Catão relaxava o corpo com vinho quando estava cansado das preocupações da República, e Cipião, com aquele corpo triunfal e militar, dançava ao ritmo da música, não requebrando, como hoje é o costume para aqueles que rebolam mais que as mulheres até quando andam, mas como aqueles varões antigos costumavam dançar, pisando de modo viril nos jogos e festivais da época, de modo que sua dignidade não corria nenhum risco, mesmo se seus inimigos estivessem assistindo.

05 _ Devemos dar algum descanso para a mente. Após o repouso, ela emerge melhor e mais afiada. Assim como não devemos exigir demais dos campos férteis (pois sua fecundidade nunca interrompida logo os deixaria exaustos), um esforço constante quebraria o ímpeto de nossas mentes, que recuperam as forças rapidamente após algum relaxamento e descanso. Do excesso de esforço nasce uma certa lerdeza e languidez da mente.

06 _ Tamanho desejo dos homens por tais coisas não surgiria se o jogo e a diversão não trouxessem um certo prazer natural, mas o uso constante deles arrancaria toda a força e a gravidade da mente. O sono também é necessário para a recuperação das energias, mas se você dormir por dias e noites, será a morte. Há muita diferença entre afrouxar o nó e cortar o fio.

07 _ Os fundadores das leis instituíram dias festivos para que os homens fossem levados à alegria publicamente, como se fosse necessário interpor a moderação aos labores. E, como eu disse, alguns homens grandiosos se davam férias mensais de alguns dias, e alguns dividiam todos os dias entre trabalho e lazer. Lembremo-nos de Asínio Polião, o grande orador, que se recusava a fazer qualquer coisa a partir da décima hora, duas horas antes do pôr do sol. Nem mesmo cartas ele lia depois desse horário, para evitar que novas

preocupações nascessem, e deixava aquelas duas horas para o descanso de tudo que passou em seu dia. Alguns interrompiam o trabalho ao meio-dia e deixavam para a tarde algo que exigisse menos esforço. Os nossos ancestrais também proibiam que qualquer proposta nova fosse trazida ao Senado após a décima hora. Os soldados dividem as vigílias em turnos, e aqueles que retornam de uma longa expedição são poupados de trabalhos noturnos.

08 _ Devemos agradar a nossa mente e dar-lhe o ócio que serve de alimento e recarrega suas forças. Devemos caminhar em espaços abertos para que a mente cresça e se eleve com o céu aberto e o ar puro. Às vezes, um passeio e uma mudança de ares são revigorantes, e, às vezes, ter companhia e beber um pouco a mais. Às vezes, devemos até chegar a ficar bêbados, não para nos afundar, mas para nos acalmar. A bebida pode levar embora as preocupações e levantar nossos espíritos das profundezas, curando a tristeza, assim como outras doenças. O inventor do vinho, Líber,[12] não recebeu esse nome porque o vinho libera a língua, mas porque liberta o espírito da servidão das aflições, o semeia, o revigora e o torna mais corajoso em tudo o que tentar realizar.

09 _ Porém, tanto em relação à liberdade quanto ao vinho, a moderação é salutar. Acredita-se que Sólon e Arcesilau exageravam na bebida, e Catão foi criticado pela embriaguez. Quem

quer que o tenha criticado terá mais facilidade para tornar Catão mais honrado do que infame. Mesmo assim, convém que não bebamos com frequência, para que a mente não seja levada ao mau hábito, mas, às vezes, devemos esticar a liberdade e a exultação, afastando um pouco a triste sobriedade.

10 _ Pois se acreditarmos no poeta grego que disse que "às vezes é prazeroso enlouquecer um pouco",[13] ou em Platão, que afirmou que "o dono de si bate em vão às portas da poesia", ou em Aristóteles, que disse que "não houve nenhum intelecto grandioso sem um tantinho de demência", apenas a mente afetada pode falar coisas grandiosas que vão além do que disseram os outros.

11 _ Quando despreza as coisas vulgares e comuns e, inspirada pelo sagrado, eleva-se às alturas, é, então, que ela entoa algo mais poderoso que as bocas mortais. Ela não consegue atingir nada de sublime ou elevado enquanto permanece consigo mesma. Deve desviar do caminho usual, sair em disparada, morder os freios e carregar seu condutor, levando-o até onde ele temeria ir por conta própria.

12 _ Agora você tem, caríssimo Sereno, meios de preservar a tranquilidade, de restituí-la, de resistir aos vícios rastejantes. Porém saiba que nada disso é poderoso o bastante para conservar algo frágil, a não ser que o cuidado atento e assíduo circunde a alma vacilante.

NOTAS

1   A marcação do nome de Sereno não aparece no texto latino que temos, mas, dada a resposta de Sêneca adiante, fica claro que se trata de um diálogo. As edições costumam marcar a fala do locutor entre colchetes.

2   Em latim, *animus* às vezes significa o que chamamos de "mente", "intelecto", e, em outros contextos, "espírito". Já *anima* geralmente é traduzido como "alma".

3   Referência ao costume dos romanos de vomitar após comer em excesso.

4   A analogia com o mar retoma o sentido básico de *tranquilitas*, "mar calmo, calmaria".

5   Harmódio e Aristógito mataram o tirano Hiparco em 514 a.C.

6   O cínico Bion de Boristene (século 3 a.C.).

7   Diógenes, o Cínico.

8   Não se trata de Gaio Pompeu, mas de outro Pompeu, a quem o imperador Gaio César Calígula encarcerou em seu palácio após recebê-lo como hóspede. Essa é a única menção a esse episódio na literatura antiga.

9   Creso, rei da Lídia, derrotado por Ciro, prestes a ser imolado, foi poupado por uma chuva

repentina após reconhecer a verdade das palavras de Sólon, que afirmou que ninguém pode ser considerado feliz até sua morte. A história é narrada por Heródoto, 1.30-33.

10 Jugurta, rei da Numídia que se revoltou contra Roma. Derrotado, foi levado ao desfile de triunfo de Mário em 105 a.C.

11 Fálaris foi um tirano da Sicília, famoso por sua crueldade.

12 Outro nome de Baco ou Dioniso, o deus do vinho.

13 Fragmento do comediógrafo Menandro.

SOBRE A CLEMÊNCIA
Para Nero

LIVRO I

NINGUÉM
PODE ENCENAR
UM PAPEL POR
MUITO TEMPO:
A FALSIDADE
LOGO RETORNA
À NATUREZA

CAPÍTULO 1

01 — Nero, decidi escrever sobre a clemência para que, de algum modo, eu pudesse servir como um espelho no qual você pudesse ver a si mesmo como aquele que alcançará o prazer mais elevado de todos. Pois, embora o verdadeiro fruto das ações corretas seja tê-las realizado e, embora nenhuma virtude tenha valor digno além de si mesma, é bom observar e inspecionar a boa consciência e lançar um olhar sobre essa enorme multidão discorde, sediciosa, descontrolada, pronta para exultar com a destruição de si mesma e a dos outros caso rompa seu jugo, e falar assim consigo mesmo:

02 — "Eu, entre todos os mortais, agradei e fui escolhido para desempenhar na terra o papel dos deuses? Eu, juiz de assuntos de vida e morte para os povos? Em minhas mãos estão a sorte e a condição de cada um dos homens. Minha boca pronuncia aquilo que a fortuna

quis que fosse concedido a cada um dos mortais. A partir de minha resposta concebem-se as causas da alegria dos povos e das cidades. Nada nem nenhum lugar floresce sem que eu seja propício e benevolente. Todos os milhares de espadas que minha paz controla são desembainhados por um mero aceno meu. Quais nações são completamente destruídas, quais são banidas, quais receberão a liberdade, quais a perderão, que reis serão escravizados e quais cabeças receberão as coroas reais, que cidades ruirão, quais se erguerão, tudo isso está sob meu juízo.

03 _ "Com tamanho poder sobre tantas coisas, a ira não deverá me impelir a punições iníquas, nem o ímpeto da juventude, nem a temeridade ou a teimosia dos homens, que muitas vezes arranca a tolerância até mesmo dos peitos mais tranquilos, nem mesmo a glória terrível, porém frequente nos grandes impérios, que dependem do terror para ostentar o poder. Minha lâmina está escondida, ou melhor, embainhada ao meu lado; com a maior parcimônia relutarei em derramar até mesmo o sangue mais vil. A ninguém faltará minha graça, mesmo que lhe falte tudo exceto o nome de um homem.

04 _ "A severidade mantenho escondida, mas a clemência tenho à mão. Resguardo-me como se tivesse que prestar contas das leis

que invoquei das sombras em direção à luz. Comoveu-me a tenra idade de um, a idade avançada de outro. A um poupei por sua dignidade, a outro por sua humildade. Sempre que não encontrei causa para misericórdia, poupei por mim mesmo. Se os deuses imortais me chamarem a prestar contas hoje, estou preparado para enumerar a raça humana."

05 _ Hoje você pode declarar, César, que tudo que veio à sua tutela fiel permaneceu em segurança e que nada da República foi perdido por sua causa, nem por força nem por fraude. Você desejou a glória mais rara e até então nunca concedida a nenhum dos príncipes: a inocência. Essa sua bondade singular não perdeu sua importância nem encontrou homens ingratos em sua estima. Você recebe a gratidão, e nenhum homem jamais foi mais caro a outro do que você é para o povo romano, seu grande e longo bem.

06 _ Porém você se colocou um grande fardo: ninguém mais fala do divino Augusto ou dos primeiros anos de Tibério César, nem procura um modelo que gostaria que você imitasse além de você mesmo. O seu principado é avaliado por essa prova. Isso teria sido difícil, se a sua bondade não fosse natural, mas assumida para a ocasião. Pois ninguém pode encenar um papel por muito tempo: a falsidade logo retorna à natureza. Tudo aquilo que

a verdade mantém, como direi, e brota do que é sólido, com o próprio tempo avança a algo maior e melhor.

07 _ O povo romano avançava em direção à má sorte, quando ainda era incerto para onde a sua índole nobre os levaria; agora, os votos do povo estão seguros. Já não há perigo de que você seja tomado por um esquecimento súbito de si mesmo. O excesso de felicidade torna as pessoas gananciosas, e os desejos nunca são tão moderados que se encerrem quando saciados. Há um avanço do grande ao maior, e as pessoas que conquistaram coisas inesperadas são tomadas por esperanças ain-da mais ímprobas. Mas agora todos os seus cidadãos confessam estar felizes e que nada pode ser adicionado a sua felicidade, exceto que seja perpétua.

08 _ Muitas coisas os levam a essa confissão, o que costuma ser algo muito demorado para os homens: uma felicidade profunda e abun-dante, a lei colocada acima de toda injustiça, a forma mais alegre da República já vista pelos olhos humanos, à qual nada falta para a máxima liberdade, exceto a licença para se destruir.

09 _ Acima de tudo, a admiração por sua cle-mência chega a todos igualmente, tanto aos mais altos como aos mais baixos. De fato, quanto aos bens restantes, cada um os percebe

proporcionalmente à sua fortuna, esperando mais ou menos deles, mas da clemência todos esperam o mesmo. E não há ninguém a quem sua própria inocência não agrade tanto que não se alegre de ter a clemência à vista, pronta para os erros humanos.

CAPÍTULO 2

01 _ Sei, porém, que há alguns que julgam que a clemência apoia os piores seres, já que é inútil a não ser que um crime aconteça e por ser a única virtude que não é empregada entre os inocentes. Entretanto, primeiro de tudo, assim como a medicina é usada entre os doentes, mas honrada até mesmo entre os sãos, a clemência, embora seja invocada pelos dignos de punição, é cultuada até mesmo entre os inocentes. Em segundo, ela tem lugar inclusive entre os inocentes, pois às vezes a fortuna ocupa o lugar da culpa. Não é apenas a inocência que a clemência socorre, mas frequentemente a virtude, já que, de fato, pela condição do tempo, acontecem coisas que, mesmo louvadas, podem ser punidas. Também ocorre que grande parte dos homens pode ser reconduzida à inocência [se houver uma remissão da pena].[1] Mas não se deve perdoar de forma geral.

02 _ Pois, quando se remove a distinção entre os maus e os bons, seguem-se a confusão e a

irrupção dos vícios. Assim, deve-se empregar a moderação que saiba distinguir entre naturezas curáveis e lamentáveis. A clemência não deve ser promíscua, vulgar ou inacessível, pois é tão cruel perdoar a todos quanto não perdoar ninguém. Devemos manter a medida, mas, como a boa medida é difícil, tudo aquilo que for fazer a balança pender para algum lado deverá conduzir para o lado mais humano.

CAPÍTULO 3

01 _ Porém será melhor tratar dessas questões em seu local apropriado. Agora, dividirei toda a matéria em três partes. A primeira será sobre a leniência. A segunda demonstrará a natureza e o caráter da clemência — pois, uma vez que há vícios que imitam virtudes, eles não podem ser distinguidos exceto ao indicarmos os sinais pelos quais possam ser separados. Na terceira parte, investigaremos como o espírito é levado até a virtude, como a fortalece e a torna sua ao praticá-la.

02 _ Como nenhuma de todas as virtudes convém mais ao ser humano, já que nenhuma é mais humana, é necessário que não apenas entre nós, que desejamos que o homem seja visto como um animal social nascido para o bem comum, mas também entre aqueles que atribuem os homens aos prazeres, que cuidam de seus interesses em todos os seus atos e palavras. Pois se buscam a tranquilidade e o ócio, descobrem que essa virtude

é parte da sua natureza, que ama a paz e retém sua mão.

03 A clemência não convém a mais ninguém dentre todos do que ao rei ou ao príncipe. Pois o grande poder confere honra e glória somente se for salutar. Pois é pestilenta a potência que é capaz de fazer mal. Por fim, é estável e bem fundada a grandeza daquele que todos sabem que é a favor deles tanto quanto está acima deles, que sabem que está sempre vigilante pelo bem-estar de cada um dos cidadãos, todos os dias. E, quando ele aparece, não fogem como se se tratasse de algum mal ou como se algum animal perigoso tivesse pulado para fora de sua toca, mas se batem juntos, correndo em direção a ele como se em direção a uma estrela brilhante e benéfica. Por ele, as pessoas estão prontas para se jogar nas pontas das espadas de assassinos e deporem seus corpos, caso seja necessário que seu caminho para a salvação humana seja talhado em meio ao morticínio. Guardam seu sono como vigias noturnos, defendem seus flancos cercando-o e colocando-se diante dos perigos quando eles aparecem.

04 Não é sem razão esse consenso entre povos e cidades para proteger e amar os reis, sacrificando a si mesmo e as suas coisas em favor de qualquer coisa que a saúde do imperador exija. Não é por não darem valor à própria vida, nem por estarem insanos, que milhares se lançam

ao ferro por uma única pessoa e, com a morte de muitos, salvam uma única vida, muitas vezes senil e frágil.

05 _ Assim como o corpo todo é servo do espírito, e, embora aquele seja muito maior e mais vistoso, o espírito, oculto e tênue, não se sabe exatamente onde se esconde, ainda assim as mãos, os pés e os olhos cumprem o seu dever. A pele o protege, nós nos colocamos às suas ordens: descansamos ociosos ou corremos inquietos para todo lado, tão logo ele ordene. Caso seja um senhor ganancioso, cruzamos os mares buscando o lucro; caso seja ambicioso, colocamos nossa mão direita no fogo[2] ou nos jogamos voluntariamente às profundezas da terra. Assim, essa imensa multidão em torno de uma única alma é regida por seu espírito, guiada por sua razão e cairia e se romperia pelas próprias forças se não fosse sustentada por bons conselhos.

CAPÍTULO 4

01 _ Assim, é sua própria segurança que amam quando levam legiões de dez em dez para a batalha em favor de um único homem, quando correm para a linha de frente e dão o peito aos golpes inimigos, para que os estandartes de seu imperador não sejam derrotados. Pois ele é o vínculo que mantém unido o Estado, o espírito vital trazido por tantos milhares, que não seriam nada por si sós, a não ser um fardo e presa fácil, caso a mente se afastasse do Império.

> Se o rei estiver a salvo, todos têm uma única
> [mente;
> se ele estiver perdido, todos deixam a
> [confiança para trás.
>
> (Virgílio, *Geórgicas*, IV, 212-3)

02 _ Tal desgraça será a ruína da paz romana e trará a ruína à sorte de um povo tão poderoso. O povo estará afastado de tal perigo somente

enquanto for capaz de suportar as rédeas; mas, se as romperem ou se por algum acaso não aceitarem que sejam recolocadas, essa unidade e essa textura muitíssimo firme do Império se dissiparão em muitas partes, e o fim do domínio chegará para a cidade ao mesmo tempo que chegar o fim da obediência.

03   É por isso que não é de se admirar que os príncipes, reis ou quaisquer outros nomes que recebam os guardiães do Estado inspirem mais amor até do que as relações pessoais. Pois, se aos homens as coisas públicas são preferíveis às privadas, segue-se que também será mais benquisto aquele em quem se centra o Estado. Pois já há algum tempo César se confunde com o Estado, de tal forma que não se pode separar um do outro sem a destruição de ambos. César precisa da força do Estado, assim como o Estado precisa de um líder.

A CLEMÊNCIA
TORNARÁ
MAIS FELIZ
E TRANQUILA
QUALQUER CASA
EM QUE ADENTRE

CAPÍTULO 5

01 Meu discurso parece ter se afastado de seu propósito, mas, na verdade, está bastante próximo. Pois se você, como tentei mostrar até agora, é o espírito da República e ela é seu corpo, perceberá, creio eu, como é necessária a clemência. Pois você poupa a si mesmo quando poupa a outrem. Assim, deve-se poupar até mesmo os cidadãos culpáveis, como se fossem os membros frágeis: quando for necessário sangrar alguma parte do corpo, você deve conter sua mão para que não corte mais fundo do que o necessário.

02 Portanto, como eu dizia, a clemência é natural para todos os seres humanos, mas é mais apropriada aos líderes, na medida que, junto a eles, tem mais a proteger e mais oportunidades para se fazer aparente. Pois tão pouco pode prejudicar a crueldade privada! A selvageria dos príncipes é a guerra.

03 Contudo, ainda que haja concórdia entre as virtudes e que nenhuma seja melhor ou mais

nobre do que as outras, algumas são mais apropriadas a alguns tipos de caráter. A grandeza de espírito é apropriada a qualquer mortal, até ao mais baixo de todos, pois o que é maior ou mais corajoso do que aparar a lâmina da má fortuna? No entanto, essa virtude tem mais espaço na boa fortuna e é mais claramente vista no alto do tribunal do que no nível do chão.

04 — A clemência tornará mais feliz e tranquila qualquer casa em que adentre, mas nos palácios, onde é mais rara, será mais admirável. Quem é mais memorável do que aquele cuja ira não encontra obstáculo, cujas sentenças severas encontram o consentimento dos que as recebem, e que ninguém interromperá? Aquele a quem, na verdade, mesmo se seu ânimo se esquentar demais, ninguém buscará o perdão, mas que toma posse de si mesmo e usa seu poder para algo melhor e mais pacífico, pensando consigo: "Qualquer um pode violar a lei tirando uma vida, mas somente eu posso fazê-lo salvando uma".[3]

05 — Um grande espírito é um adorno para a boa fortuna, mas, se ele se erguer e subir acima do nível dela, ele a levará, também, para baixo. É próprio de um espírito grandioso ser pacífico e tranquilo e desprezar injúrias e ofensas de uma posição superior. Enfurecer-se e irar-se é algo feminino, e avançar sobre aqueles que se jogam a seus pés é coisa de feras selvagens, e não das mais nobres entre

elas. Elefantes e leões passam pelos animais que derrubam: a obstinação é coisa de bestas inferiores.

06 _ A ira raivosa e inexorável não convém ao rei. Uma pessoa não se eleva sobre outra se a raiva a rebaixa ao nível desta. Porém, se ele dá a vida, se dá a dignidade aos que merecem perdê-las, faz o que não é permitido senão aos poderosos: pode-se tirar a vida de um superior, mas não concedê-la senão a um inferior.

07 _ Salvar é próprio da fortuna superior, que nunca é mais admirada do que quando tem o mesmo poder dos deuses, por cuja bondade somos levados à luz, tanto os bons quanto os maus. Dessa forma, o príncipe, apropriando-se do espírito dos deuses para si, de bom grado olhará por aqueles cidadãos que sejam bons e úteis e deixará os restantes para engrossar os números. Que ele se regozije com a existência de alguns e suporte a de outros.

CAPÍTULO 6

01 Pense nessa cidade, na qual a turba, que flui pelas ruas muito largas sem impedimento, sempre que encontra algum obstáculo que atrase seu curso, como o de uma rápida torrente, é totalmente esmagada; na qual os assentos de três teatros são cobiçados ao mesmo tempo, na qual tudo que a terra produz é consumido; quanta solidão e desolação haverá se nada restar além daquilo que um juiz severo absolver.

02 Quão poucos são os que presidem julgamentos que não seriam condenados pela mesma lei que utilizam? Quão poucos procuradores são isentos de culpa? Não me surpreenderia se, para quem sempre precisou pedir perdão, for mais difícil concedê-lo.

03 Todos cometemos faltas, alguns, mais graves, outros, mais leves; uns, de propósito, outros, impelidos pelo acaso ou levados pelo erro de outra pessoa. Alguns de nós não nos mantemos firmes nos bons planos e, a contragosto, perdemos a inocência mesmo tentando

mantê-la. E não apenas erramos, mas erraremos até o fim dos tempos.

04 _ Mesmo que haja alguém que tenha purgado muito bem seu espírito, tal que nada possa mais perturbá-lo ou enganá-lo, foi errando que chegou até a inocência.

É MAIS FÁCIL PERDOAR A PESSOAS COMUNS QUANDO PROCURAM VINGANÇA OBSTINADAMENTE

CAPÍTULO 7

01 _ Como mencionei os deuses, será excelente propor um exemplo em que o príncipe possa se moldar, a fim de que aja com os cidadãos conforme deseja que os deuses ajam consigo. É vantajoso considerar que os deuses sejam implacáveis com nossas falhas e erros? É vantajoso que sejam hostis até a destruição final? Qual dos reis estará seguro? Qual deles não terá os membros recolhidos pelos adivinhos?[4]

02 _ Mas, se os deuses, aplacáveis e justos, não perseguem os delitos dos poderosos imediatamente com raios, quão mais justo será que um homem, elevado acima dos outros homens, de espírito tranquilo, exerça o seu poder e reflita se o estado do mundo é mais belo e mais agradável aos olhos em um dia claro e sereno ou quando trovões frequentes fazem tudo tremer e relâmpagos fulguram por todos os lados? Pois o poder calmo e ponderado tem a mesma aparência de um céu sereno e brilhante.

03 _ Um reinado cruel é túrbido e obscurecido pelas trevas, e entre os que tremem e se apavoram com um som repentino, nem mesmo aquele que causa toda a perturbação permanece firme. É mais fácil perdoar a pessoas comuns quando procuram vingança obstinadamente. Elas podem ser prejudicadas, e sua dor provém da injúria. Além disso, temem o desprezo, e parece uma fraqueza, e não a clemência, não devolver a graça aos que prejudicam. Mas aquele para quem a vingança é fácil, ao não a executar, merece o louvor certeiro pela leniência.

04 _ Aqueles de baixa posição são mais livres para usar a força, litigar, arrumar brigas e entregar-se à ira. Entre iguais, os golpes são leves. Ao rei, porém, mesmo levantar a voz ou usar as palavras com intemperança não é adequado à sua majestade.

CAPÍTULO 8

01 _ Você considera grave que a liberdade de expressão seja retirada dos reis, algo que até os mais humildes têm. "Isso é servidão, não poder", você diz. O quê? Não percebe que isso é o que nós temos, e que a servidão é a sua? É outra a condição daqueles que estão em meio à multidão, da qual não saem, na qual se escondem: suas virtudes lutam muito para aparecer, e seus vícios estão em meio às sombras. Mas os atos e as palavras de homens como você são tomados pelos rumores, e é por isso que ninguém deve se preocupar mais com a própria reputação do que aqueles que terão uma fama grandiosa, merecendo ou não.

02 _ Quantas são as coisas não permitidas a você que são permitidas a nós por sua benevolência! Eu posso ir a qualquer parte da cidade sozinho, sem temor, mesmo sem nenhum acompanhante nem arma alguma em minha casa ou comigo. Você, mesmo na paz que mantém, precisa viver armado. Não pode escapar de

sua fortuna. Ela o mantém sitiado e o segue com enorme séquito, não importa para onde você vá.

03 _ É servidão da maior magnitude não poder diminuí-la, mas tal necessidade você compartilha com os deuses. Pois o céu o mantém amarrado, e nem aos deuses é dado descer até aqui mais do que a você é seguro fazê-lo: você está pregado em seu apogeu.[5]

04 _ Poucos dão atenção às ações de pessoas como eu: podemos sair e voltar, mudar de roupa sem que todos prestem atenção. Não mais do que o Sol você consegue se esconder. Há muita luz ao seu redor, e todos os olhos tornam-se em direção a ela. Você acha que está se pondo? Você está nascendo.[6]

05 _ Você não é capaz de falar sem que a sua voz seja captada por todos os povos, em todos os lados; não pode irar-se sem que todos tremam, pois não pode derrubar ninguém sem que tudo que esteja ao redor estremeça. Assim como os raios caem para o perigo de poucos, mas para o medo de todos, as punições dos maiores poderosos aterrorizam mais amplamente do que prejudicam, e não sem razão: tememos os atos de um todo-poderoso, não pelo que ele fez, mas pelo que pode vir a fazer.

06 _ Agora, considere também que suportar injúrias recebidas torna os homens comuns mais propensos a receber injúrias. Aos reis, a segurança que vem da leniência é mais certa, pois

a punição frequente oprime o ódio de alguns, mas incita o de todos.

07 _   A vontade de irar-se deve acabar antes que termine a causa da ira. Caso contrário, assim como as árvores podadas produzem mais galhos e muitos tipos de plantas são cortadas para que cresçam mais densas, a crueldade real aumenta o número de inimigos ao destruí-los. Porque os pais, os filhos, os vizinhos e os amigos daqueles que foram mortos vêm em seu lugar.

CAPÍTULO 9

01 _ Gostaria de mostrar como isso é verdade com um exemplo de sua família. O divino Augusto foi um príncipe leniente, se o julgarmos a partir do início de seu principado, mas quando dividiu a República com outros, tomou armas. Quando tinha a idade que você tem agora, recém-completados os dezoito anos, já havia enterrado a espada no peito de amigos, já havia tentado atacar com artimanhas o flanco de Antônio quando ele era cônsul, já havia sido um parceiro das proscrições.

02 _ Quando fez quarenta anos, passando um tempo na Gália, foi delatado a ele que Lúcio Cina, homem de pouca inteligência, estava preparando uma trama contra ele. Foi-lhe dito onde, quando e de que modo ele pretendia atacar. Um dos cúmplices lhe trouxe o relato.

03 _ Augusto decidiu vingar-se e ordenou que fosse convocado um conselho de amigos. A noite seguiu inquieta, enquanto considerava se deveria condenar um jovem nobre e íntegro,

senão por essa falta, neto de Pompeu Magno. O homem a quem Marco Antônio ditara a lista de proscritos à mesa de jantar não conseguia matar um único homem.

04 _ Resmungando, logo depois proferia palavras variadas e contraditórias entre si: "Então o quê? Vou deixar meu assassino andar em segurança enquanto fico perturbado? Então não exigirá a punição aquele que durante tantas guerras civis tentaram matar em vão, que saiu ileso de tantas guerras no mar e na terra, não exigirá a pena de alguém que decidiu não apenas matá-lo, mas imolá-lo?" (Pois Cina havia planejado abordá-lo enquanto realizava um sacrifício.)

05 _ Mas, em seguida, depois de algum silêncio, com a voz ainda mais alta, irava-se mais consigo do que com Cina: "Por que você vive, se interessa a tantos que morra? Qual será o fim dos suplícios? Do sangue? Sou uma cabeça exposta aos jovens nobres, que afiam suas espadas para atacá-la. Não tem tanto valor a vida se, para que eu não a perca, tanto mais deva se perder".

06 _ Por fim, sua esposa, Lívia,[7] interrompeu-o e disse: "Você aceita o conselho de uma mulher? Faça como os médicos, que, quando os remédios não funcionam, costumam tentar o contrário. A severidade não o levou a lugar nenhum até agora. A Salvidieno seguiu-se Lépido. A Lépido, Murena. A Murena, Cepião.

A Cepião, Egnácio.[8] Sem falar de outros, que é vergonhoso até mencionar. Experimente agora como a clemência o servirá. Perdoe Lúcio Cina. Ele já está preso. Já não pode prejudicá-lo, mas pode favorecer a sua fama".

07 _ Feliz de ter encontrado uma apoiadora, agradeceu a esposa, encerrou imediatamente a reunião com o conselho de amigos e ordenou que Cina fosse trazido até ele, sozinho, e pediu aos outros que deixassem a sala e colocassem uma cadeira para Cina. Então, lhe disse: "Peço que não me interrompa enquanto falo nem proteste durante meu discurso. Você terá direito a seu tempo de fala.

08 _ "Cina, embora eu o tenha encontrado no campo inimigo, não tornado inimigo, mas nascido, eu o salvei e lhe concedi que mantivesse todo o seu patrimônio. Hoje, você é tão afortunado e rico que, vencido, os vencedores o invejam. Concedi a você o sacerdócio que desejava, tendo preterido a muitos outros cujos pais lutaram ao meu lado. Mas mesmo que eu merecesse sua gratidão, você decidiu me matar."

09 _ Nisso, quando Cina gritou que estava bem longe de tal insanidade, Augusto lhe respondeu: "Você não está mantendo sua palavra, Cina. Acordamos que você não interromperia. Como eu dizia, você estava planejando me matar". Acrescentou o local, os comparsas, o dia, a ordem da trama e quem portaria a espada.

10 _ Quando viu que Cina silenciou e tinha os olhos baixos, já não por causa do acordo, mas por sua consciência, disse: "O que você acha que está fazendo? Acha que será o príncipe? O povo romano está bem mal se você acha que nada além de mim o impede de governar. Você mal consegue cuidar da sua casa. Há pouco tempo, foi derrotado em uma ação civil pela influência de um ex-escravo. Você acha que é apenas uma brincadeira se voltar contra o César? Está bem: se sou o único que impede as suas esperanças, será que vão tolerá-lo Fábio Máximo, Paulo, os Cossi, os Servílio e a grande linhagem de nobres que não representam nomes quaisquer, mas aqueles que trazem honra para seus antepassados?".

11 _ Para não tomar uma parte muito grande deste livro repetindo seu discurso, pois consta que falou por mais de duas horas, estendendo essa pena que seria a única a deixá-lo contente, eis o que disse: "Cina, eu lhe dou uma segunda vida. A você, antes inimigo, agora conspirador e parricida. A partir de hoje, começa nossa amizade. Disputemos para ver quem age com melhor fé: eu, devolvendo sua vida, ou você, a devendo a mim". Depois disso, ainda lhe concedeu um consulado, que ele não ousou pedir. Teve-o como um grande amigo fiel, e foi o único herdeiro de Cina.[9] Augusto nunca mais foi alvo de nenhuma conspiração.

CAPÍTULO 10

01 _ O seu tataravô perdoou aqueles que venceu.[10] Se não os perdoasse, quem seriam seus súditos? Dos campos inimigos, arregimentou Salústio, Coceio, Délio e todo o grupo de primeira admissão.[11] E já a fina flor da cidade devia à sua clemência homens como Domício, Messala, Asínio e Cícero.[12] Quanto a Lépido,[13] quanto tempo permitiu que se passasse até que morresse! Por muitos anos permitiu que ele portasse as insígnias de príncipe e as vestes de pontífice máximo e não as transferiu para si senão após a morte dele. Preferiu que isso se chamasse honra e não espólio de guerra.

02 _ Tal clemência o conduziu à segurança e à tranquilidade. Tornou-o benquisto e admirado, embora tenha pousado a mão sobre o pescoço do povo romano, ainda não subjugado. Tal clemência ainda hoje lhe confere fama, o que pouco aconteceu aos príncipes ainda vivos.

03 _ Acreditamos que ele é um deus, não porque nos foi ordenado. Admitimos que Augusto foi

um bom príncipe, que o nome de seu pai lhe foi conveniente por nenhuma outra causa senão pelos insultos que recebia, que para os príncipes costumam ser piores do que as injúrias, e não perseguia com crueldade, porque ria das palavras infames que diziam contra ele, porque parecia sofrer as punições que ele mesmo infligia aos outros, porque não apenas não matou os que condenara pelo adultério de sua filha,[14] mas lhes concedeu cartas de recomendação para que fossem embora em segurança.

04 _ Isto é perdoar: não apenas dar, mas garantir a segurança, quando você sabe que haverá muitos que se levantarão em seu favor e mostrarão gratidão a você com o sangue alheio.

A CLEMÊNCIA DEIXA OS HOMENS NÃO APENAS MAIS NOBRES, MAS TAMBÉM MAIS SEGUROS

CAPÍTULO 11

01 Tais coisas fez Augusto já na velhice, ou próximo aos anos da velhice. Na juventude, fervia, queimava de ira, fez muitas coisas que depois rememoraria, contrariado. Ninguém ousará comparar o divino Augusto com a sua gentileza, Nero; nem se tiver colocado a velhice mais madura de Augusto em um embate contra os seus anos de juventude. Decerto ele foi moderado e clemente, sem dúvida depois que o mar de Ácio foi tingido com o sangue romano, sem dúvida depois que as esquadras foram afundadas na Sicília, as dele e as inimigas, sem dúvida depois dos sacrifícios em Perúsia e das proscrições.

02 Certamente o que chamo de clemência não é a crueldade cansada. César, a verdadeira clemência, a que você demonstra, não a que começa pelo arrependimento pela selvageria, é não ter nenhuma mácula, nunca derramar sangue civil. No local mais alto do poder, a mais verdadeira temperança do espírito, que

compreende todo o gênero humano como um amor de si mesmo, é não ser corrompido por desejo algum, pela temeridade da mente, pelos exemplos dos príncipes anteriores, nem experimentar o quanto se pode contra os próprios cidadãos, mas, sim, cegar a lâmina de seu próprio poder.

03 _ Você, César, manteve a cidade livre do banho de sangue, e isso, pelo qual se glorifica com espírito elevado, de nunca ter derramado uma gota de sangue humano em todo o mundo, é ainda mais elevado e admirável, pois nunca se entregou a espada da autoridade a ninguém tão cedo.

04 _ Portanto, a clemência deixa os homens não apenas mais nobres, mas também mais seguros, e é ao mesmo tempo um adorno dos impérios e a mais garantida segurança. Pois, então, por que os reis envelhecem e entregam seus reinados a seus filhos e netos, enquanto o poder dos tiranos é breve e execrável? Qual é a diferença entre o tirano e o rei (pois, na aparência, sua fortuna é a mesma, pois têm igual licença), senão que os tiranos se enfurecem por causa dos próprios desejos, enquanto os reis o fazem apenas com motivo e necessidade?

CAPÍTULO 12

01 _ Você dirá, então: "Mas os reis também não matam?". Sim, mas somente o necessário para o bem-estar público. A crueldade está no coração dos tiranos. E o tirano difere do rei pelos atos, não pelo nome.[15] Pois Dionísio, o Antigo,[16] pela justiça e pelo mérito, pode ser preferível a muitos reis, e o que impede de chamar Sula de tirano, se ele só parou de matar por terem acabado os inimigos?

02 _ De fato, ele recuou de seu cargo como ditador e retomou a toga, mas que tirano bebeu o sangue humano com maior avidez do que ele, que mandou trucidar 7 mil cidadãos romanos e, quando sentado próximo ao templo de Belona, ouvindo os gritos de tantos milhares gemendo sob o gládio, disse logo ao Senado: "Passemos à ordem do dia, senadores. Uns poucos sediciosos estão sendo mortos por minhas ordens"?

03 _ Nisso, ele não estava mentindo: para Sula, pareciam poucos. Mas logo retornaremos a

Sula,[17] quando tratarmos sobre o modo de irar-se contra os inimigos, especialmente se passarem do corpo dos cidadãos para a categoria de inimigos. Enquanto isso, como eu dizia, a clemência é o que causa a grande distinção entre o rei e o tirano, mesmo que ambos sejam cercados de armas. Contudo, um possui exércitos para fortificar a paz, e outro, para suprimir grandes ódios com grande temor, mas não consegue olhar com tranquilidade para as mãos às quais ele mesmo confiou as armas.

04 _ Ele é levado às coisas contrárias por coisas contrárias, pois, como é odiado por ser temido, quer ser temido porque é odiado, e usa aquele verso execrável que levou muitos ao precipício: "Que odeiem, contanto que temam"[18] — sem saber quanta fúria emerge quando o ódio cresce além do limite. O temor moderado coíbe os ânimos, enquanto o que é constante, agudo e que leva aos extremos incita os adormecidos à audácia e convence-os a tentar de tudo.

05 _ Assim, uma linha com penas mantém as feras contidas,[19] mas, se um cavaleiro avançar armado por trás delas, as feras vão fugir e pisotear o próprio "pavor" que as amedrontava. A coragem é mais afiada quando forçada pela necessidade mais premente. O medo deve deixar algo de segurança e mostrar muito mais esperança do que perigo. Caso contrário,

quando os mais pacíficos temem as mesmas coisas que o restante dos homens, agrada correr para o perigo e pôr um fim à vida como se fosse alheia.

CAPÍTULO 13

01 _ Se um rei é pacífico e tranquilo, seus auxiliares são fiéis na medida que os utiliza para o bem-estar comum, e o soldado orgulhoso (pois percebe que serve ao bem-estar público) suporta todo o esforço de bom grado como o protetor do Pai da Pátria. Mas, ao feroz e sanguinário, necessariamente, seus capangas, oprimidos, relutarão em servir.

02 _ Ninguém pode ter servos fiéis e de boa vontade se os usa como instrumentos de tortura, como o ecúleo, preparados para matar, ou se lhes lança seres humanos como se fossem animais selvagens. Não há réu mais miserável e perturbado do que ele, que teme homens e deuses como testemunhas e vingadores de seus atos, mas que já chegou ao ponto em que não pode mais mudar seu caráter. Entre todas as coisas, a crueldade tem como pior traço a perseverança e a impossibilidade de voltar atrás, recorrendo a crimes para se proteger de outros crimes. O que é mais infeliz do que alguém que já não pode não ser mau?

03 _ Ó, mal-afortunado, ao menos para si mesmo! Pois seria impensável que outros tivessem pena dele, que exerceu o poder com chacinas e pilhagens, que torna tudo suspeito, tanto as coisas externas como as domésticas, que se refugia nas armas por temer as armas, que não confia na fé dos amigos nem na devoção dos filhos; quando olha em volta e vê tudo que fez e tudo que fará, e revela sua consciência cheia de crimes e torturas, muitas vezes teme a morte, mais vezes ainda deseja a morte, mais odiável para si do que para os que o servem.

04 _ Ao contrário, aquele que se preocupa com todas as coisas, que protege algumas coisas mais, outras menos, que nutre todas as partes da República como se fossem suas, inclinado mais à complacência, mesmo que a situação requeira punição, mostra como é a contragosto que faz uso da força como um remédio amargo, que não tem nada de hostil em seu espírito, nada de feroz, que exerce seu poder com placidez e para o bem comum, desejando que os cidadãos aprovem sua autoridade, que se considera maximamente afortunado se dividir sua fortuna com o povo, afável no discurso, acessível, amável na expressão (o melhor modo de conquistar o povo), propenso a pedidos justos, não cruel, nem mesmo com os iníquos, amado, defendido e cultuado por toda a comunidade.

05 _ Os homens falam as mesmas coisas sobre ele tanto em privado como em público.

Desejam criar os filhos, e a esterilidade, antes infligida a nós pelos males públicos, foi retirada. Ninguém duvida que seus filhos lhes serão gratos por terem recebido tempos tão prósperos. Um tal príncipe, assim seguro por sua própria bondade, não carece de guardas, e porta suas armas apenas como adorno.

CAPÍTULO 14

01 Então qual é o seu dever? O mesmo dos bons pais, que costumam repreender os filhos muitas vezes com brandura, outras vezes com ameaças, outras até mesmo com golpes. Acaso algum pai em sã consciência deserda seu filho na primeira ofensa? Ele não se levanta para isso a não ser que as injúrias tenham sido muitas e muito grandes, esgotando sua paciência, e o que teme que aconteça seja pior do que aquilo que condena. Ele tenta muitas coisas antes, com as quais corrija a índole dúbia e levada ao pior. Desiste apenas quando já tentou de tudo. Ninguém chega a aplicar a pena máxima sem antes esgotar todos os remédios.

02 Isso é o que deve fazer um pai, e também um príncipe, a quem chamamos de "Pai da Pátria" não por vã adulação. Outros títulos de honra foram dados: chamamos de "Magno", "Fortunato", "Augusto", empilhando todos os títulos que pudemos atribuir. Contudo,

chamamos alguém de Pai da Pátria para que saiba que lhe foi dado o poder de pai, que mostra a maior tolerância com seus filhos e que coloca os interesses deles acima dos seus.

03 _ Que o pai demore para amputar seus membros e, mesmo que os ampute, deseje restaurá-los, e, ao amputar, lamente-se muito e hesite por muito tempo. Pois aquele que condena muito rapidamente está perto de alegrar-se por condenar. E o que pune em excesso está perto demais do que pune injustamente.

CAPÍTULO 15

01 _ Lembro-me do caso do cavaleiro romano Tricão, que o povo esfaqueou no fórum com instrumentos de escrita, por ter ele espancado o filho até a morte. A autoridade de César Augusto mal conseguiu arrancá-lo das mãos odiosas tanto de pais como de filhos.

02 _ Tário, quando descobriu que o filho estava planejando o parricídio, condenou-o após o julgamento, e todos o admiraram, pois contentou-se com um exílio, e um exílio luxuoso, mantendo-o em Marselha, com a mesma mesada que recebia quando era inocente. Tal generosidade fez com que, na cidade em que nunca falta um defensor até mesmo para os piores homens, ninguém duvidasse que o réu havia sido condenado justamente, pois foi condenado pelo pai, que pôde condená-lo, mas não o odiar.

03 _ Usarei esse caso como exemplo para que se possa comparar o bom príncipe com o bom pai. Quando estava para iniciar as investigações sobre o filho, Tário solicitou que César

Augusto o aconselhasse. Augusto foi à sua casa, sentou-se junto aos Penates, fez parte do conselho de outra pessoa, e não disse "Ele que venha até mim", pois, se o tivesse feito, a investigação seria de César, não do pai.

04 _ Tendo ouvido a causa e avaliado todas as evidências, tanto as coisas que o jovem disse em sua defesa como as acusações contra ele, Augusto pediu que todos escrevessem sua sentença, para que não proferissem a mesma de César. Em seguida, antes que revelassem os votos, jurou que não se tornaria herdeiro de Tário, que era um homem bastante rico.

05 _ E alguém dirá: "Ele receou parecer pusilânime se achassem que queria receber a herança do homem caso condenasse o filho". Creio que seja o contrário: qualquer um de nós deveria ter muita confiança em sua boa consciência para enfrentar opiniões malignas, mas os príncipes devem ter muito cuidado com a própria reputação. Então ele jurou que não aceitaria a herança.

06 _ De fato, Tário perdeu no mesmo dia mais um herdeiro, mas César garantiu a integridade de sua sentença. E depois que provou que sua severidade era desinteressada, algo com que um príncipe sempre deve se preocupar, declarou que o jovem deveria ser exilado para onde parecesse melhor ao pai.

07 _ Tendo em mente não a acusação do julgamento, mas a pessoa que julgava, sentenciou-o

não ao saco[20] nem às serpentes, nem à prisão. Disse que um pai deveria estar contente com o tipo de pena mais clemente contra o filho jovem, levado a esse crime no qual, empenhando-se timidamente, estava próximo da inocência, e que o jovem deveria ser banido da cidade e da vista do pai.

NÃO PARECERÁ
UM PÉSSIMO PAI
AQUELE QUE
REPRIMIR SEUS
FILHOS COM
MUITA VIOLÊNCIA?

CAPÍTULO 16

01 _ Como foi digno de ser convocado pelos pais em suas deliberações! Como foi digno de ser inscrito como herdeiro junto a filhos inocentes! Tal clemência convém a um príncipe: aonde quer que vá, torna tudo mais tranquilo. Para o rei, ninguém é tão baixo que ele não perceba sua morte, em qualquer parte do Império.

02 _ Busquemos exemplos vindos de autoridades menores para o poder grandioso. Não há um único modo de reger. O príncipe rege os cidadãos; o pai, os filhos; o professor, os alunos; o tribuno ou o centurião, os soldados.

03 _ Pois não parecerá um péssimo pai aquele que reprimir seus filhos com muita violência, até mesmo pelas coisas mais leves? E qual professor será mais digno dos estudos liberais: o que arranca o couro dos alunos caso a memória lhes falte ou se os olhos forem um pouco menos ágeis na leitura, ou o que prefere ensinar e corrigir com admoestações

que fazem corar? Mostre-me um tribuno ou um centurião furioso: ele causará deserções, o que é bastante perdoável.

04_ É justo dar ordens a um homem de modo mais severo e duro do que se dá ordens a animais mudos? Pois é fato que um treinador experiente não aterroriza o cavalo com golpes frequentes, pois ele se tornará medroso e teimoso se não o acalmarmos com afagos.

05_ O mesmo faz o caçador que prepara os cães para seguir vestígios com o faro ou que usa os mais experientes para atiçar ou perseguir as feras: ele nem os ameaça com frequência (isso atinge seus espíritos, e toda a sua índole minguará em um terror que os degenera) nem concede licença para vagar e passear por aí. É possível adicionar a esses exemplos os condutores de asnos mais lentos que, mesmo que tenham nascido para os insultos e as infelicidades, com crueldade demais são levados a rejeitar o jugo.

CAPÍTULO 17

01 _ Nenhum animal é mais caprichoso, nenhum exige tratamento com maior cuidado do que o ser humano, nenhum precisa de maior paciência. Pois o que há de mais estúpido do que se envergonhar por descontar a ira em jumentos e cães, mas um homem tratar o outro nas piores condições? A uma doença nós tratamos com remédio, e não com ira. E essa é uma doença do espírito: ela requer não apenas tratamento mais gentil, mas também um médico de modo algum hostil com o paciente.

02 _ É um médico ruim aquele que se desespera ao não encontrar a cura: em relação àqueles cujos espíritos estão abalados, deverá fazer o mesmo a pessoa a quem o bem-estar de todos é confiado, não desistir rápido demais da esperança nem anunciar que os sintomas são fatais. Deverá lutar contra os efeitos, resistir, confrontar alguns com sua doença, a outros enganar com uma cura mais suave, sanando-os mais rápido e mais efetivamente

com remédios escondidos. O príncipe deverá cuidar não apenas da saúde, mas também de não deixar cicatriz.

03 _ O rei não obtém glória alguma com punições violentas (quem duvidaria disso?), mas, ao contrário, consegue a maior glória se controlar sua força, se tirar muitos do alcance da ira alheia e não expuser ninguém à sua.

CAPÍTULO 18

01 _ Mandar nos escravos com moderação é louvável. Mesmo no caso de simples escravos, deve-se pensar não no quanto podem aguentar sem revidar, mas no quanto a natureza do bem e da justiça concede a você, ela que ordena que você poupe mesmo os escravos cativos de guerra e os comprados. Ela ordena que você não abuse deles (mais do que aos homens livres, aos libertos, aos homens honrados) como se fossem mercadoria, mas, sim, como se, inferiores a você, tivessem sido trazidos não para a escravidão, mas para a proteção. A eles é lícito buscar proteção junto às estátuas.

02 _ Mesmo que seja permitido fazer qualquer coisa a um escravo, a lei comum dos seres vivos limita o que pode ser feito a um ser humano. Quem não odiava mais Védio Polião do que os seus escravos, pois ele engordava suas moreias com sangue humano, e aqueles que de algum modo o ofendiam eram lançados no

aquário, ou melhor, no poço de serpentes? Ó, homem mil vezes digno da morte, seja por entregar escravos para serem devorados por moreias, que ele depois comeria, ou por criar moreias só para alimentá-las assim.

03 Assim como os senhores cruéis são apontados por toda a cidade e são odiosos e detestáveis, também as injúrias e as infâmias dos reis aparecem amplamente, e o ódio que se tem deles atravessa os séculos. Quanto seria melhor não ter nascido do que estar entre os nascidos para o mal do Estado.

A CLEMÊNCIA É MAIS BELA E MAIS MAGNÍFICA QUANTO MAIOR FOR O PODER

CAPÍTULO 19

01 _ Ninguém poderá conceber nada mais adequado a um governante do que a clemência, não importa que tipo de governante seja e por qual direito tenha sido colocado acima dos outros. Certamente concordaremos que a clemência é mais bela e mais magnífica quanto maior for o poder, que não pode ser prejudicial se for exercido de acordo com a lei da natureza.[21]

02 _ Pois é a natureza que delineia o rei, o que pode ser percebido a partir dos outros animais, como as abelhas. Entre elas, o rei[22] tem os maiores aposentos, no espaço mais central e seguro da colmeia. Ele mesmo não trabalha, mas supervisiona o trabalho dos outros, e, caso o rei morra, tudo desmorona. Nunca aceitam mais do que um rei e buscam o melhor nas batalhas. Além disso, o rei é insigne em sua aparência e diferente das outras abelhas no tamanho e no brilho.

03 _ Mas eis sua maior distinção. As abelhas são muito ferozes e violentas, considerando

seu corpo, e deixam seu ferrão quando picam, mas o rei não tem ferrão. A natureza, não querendo que ele fosse violento nem que buscasse vingança tão custosa, removeu sua arma e deixou sua ira desarmada. Esse é um excelente exemplo para os grandes reis: pois é costume da natureza se esforçar nas coisas pequenas e oferecer modelos mínimos para as coisas mais magnificentes.

04 _ Deveríamos nos envergonhar de não seguir o exemplo desses pequenos animais, já que o ser humano deveria ter o espírito mais moderado, dada sua grande capacidade de ferir. Na verdade, eu gostaria que a mesma lei se aplicasse aos homens, e que sua ira se rompesse com a sua arma, para que não pudesse ferir mais de uma vez, nem exercitar seu ódio com as forças dos outros. Pois assim o furor se cansaria mais rápido, se se satisfizesse por si só e se derramasse sua violência com risco da própria morte.

05 _ Porém, mesmo agora, seu curso não é seguro: é necessário que tema tanto quanto quer ser temido e que observe as mãos de todos, julgando estar sob ataque mesmo que não esteja sendo visado, e sem nenhum momento livre do medo. Alguém consegue aguentar uma vida como essa, quando é possível trazer o poder e o bem-estar para a felicidade de todos sem prejudicar a ninguém e, por isso, em segurança? Erra, pois, aquele que pensa

que o rei está sempre a salvo, quando ninguém está a salvo do rei: a segurança é conquistada através de segurança mútua.

06 _ Não é necessário levantar fortalezas nas alturas, fortalecer morros íngremes, escavar as encostas das montanhas, encastelar-se em múltiplas muralhas e torres: a clemência é o que garante ao rei a segurança em espaço aberto. O amor de seus cidadãos é a única fortificação inexpugnável.

07 _ O que é mais belo do que uma vida que todos desejem que continue, com votos sinceros, e não feitos sob vigilância? Do que não causar esperanças, mas medo caso sua saúde vacile um pouco? Do que nada ser tão precioso a alguém, que não queira trocar pela saúde de seu protetor?

08 _ É certo que alguém assim deve permanecer vivo,[23] pois provou que a República não é sua, mas, sim, que ele é da República. Quem ousaria planejar algum perigo a ele? Quem, se pudesse, não desejaria afastar qualquer má fortuna daquele sob cujo domínio florescem a justiça, a paz, a moralidade, a segurança, a dignidade, sob cujo domínio a cidade, opulenta, abunda em grande fartura de bens? Não se olha para tal regente com outra disposição que não a que os deuses imortais nos inspirariam se nós os víssemos, com grande veneração e reverência. E não é assim?

09 _ Pois não tem um lugar próximo a eles aquele que rege as coisas de acordo com a natureza

dos deuses, benéfico e generoso, que usa seu poder para o bem? Este é o modelo que se deve imitar: ser considerado o maior somente se for ao mesmo tempo o melhor.

CAPÍTULO 20

01 _ Um príncipe costuma punir apenas por duas causas: vingar a si mesmo ou vingar a outro. Falarei primeiro da parte que diz respeito a si mesmo, pois é mais difícil ser moderado quando a vingança se deve a uma dor em vez de a um exemplo.

02 _ É supérfluo, aqui, aconselhar que ele não seja muito crédulo, que busque conhecer a verdade, que apoie abertamente a inocência e que compreenda que tanto para o juiz como para o defensor a inocência deve ser provada. Isso diz respeito à justiça, e não à clemência. Ora, encorajo-o a manter a mente sob controle quando for ofendido e a aplicar a pena apenas se puder fazê-lo com segurança. Caso contrário, que seja moderado e que seja mais tolerante com as injúrias feitas a si mesmo do que com as feitas contra os outros.

03 _ Assim como não é magnânimo aquele que é generoso com as coisas dos outros, mas aquele que, quando oferece algo a alguém, retira de si

mesmo, chamarei de clemente não aquele que é leniente com a dor alheia, mas aquele que se mantém firme quando é ele o atormentado, aquele que entende que é próprio de um espírito elevado suportar as injúrias quando se tem o maior poder, e que nada é mais glorioso do que um príncipe ofendido com impunidade.

CAPÍTULO 21

01 — A vingança costuma conseguir duas coisas: ou conforto para o que recebeu a injúria ou segurança para o futuro. A fortuna do príncipe é grande demais para que deseje conforto, e seu poder evidente demais para buscar confirmação dele com o sofrimento de outros. Isso eu digo quando é atacado ou ultrajado por pessoas inferiores, pois quando vê que aqueles que foram seus pares antes agora estão abaixo dele, já está suficientemente vingado. Até um escravo, uma serpente ou uma seta podem matar um rei. Mas ninguém pode salvar alguém a não ser que seja maior do que aquele que salvará.

02 — Assim, quem tem o poder de dar e tirar a vida deve usar tão grandioso dom dos deuses com o espírito elevado. Especialmente contra aqueles que sabe que já tiveram uma posição tão elevada quanto a sua: só de ter esse poder sobre eles, preencheu e completou sua vingança, o que já é punição suficiente. Pois aquele

que deve sua vida já a perdeu, e todo aquele que é jogado do mais alto posto para os pés do inimigo e aguarda a sentença sobre sua cabeça e seu reino, se vive, vive para a glória de seu salvador e confere mais glória saindo ileso do que se tivesse sido retirado da vista de todos. Permanece sendo um espetáculo perpétuo da virtude do outro: levado em triunfo, teria passado rápido demais.

03 _ Se, de fato, até mesmo o reino do qual foi privado puder ser reestabelecido a ele com total segurança, e ele puder ser recolocado na posição que ocupara, crescerá enormemente o louvor daquele que se contentou em tomar do rei vencido nada além da glória. Isso é triunfar sobre a própria vitória e atestar que não encontrou nada do vencido que julgasse digno de pertencer ao vencedor.

04 _ Ele deverá agir com os cidadãos mais desconhecidos e humildes de modo ainda mais moderado, pois seria algo bem menos importante afligi-los. A alguns, você deverá poupar de bom grado. A outros, será um incômodo punir, não diferente de quando você afasta a mão de pequenos animais que o sujariam se os esmagasse. Porém, contra aqueles que serão punidos ou poupados diante de toda a cidade, deve-se usar a ocasião para demonstrar a clemência notável.

CAPÍTULO 22

01 _ Passemos, então, para as injúrias alheias, em cujas vinganças devem-se perseguir as seguintes três leis, que até mesmo o príncipe deve respeitar: ou corrigir a pessoa punida, ou fazer que sua pena torne melhores os outros, ou garantir que, removidos os maus, os outros vivam mais seguros. Você os corrigirá melhor com uma pena menor, pois viverá com mais cuidado aquele a quem restou algo de íntegro. Ninguém cuida de uma dignidade totalmente perdida. Não ter mais como ser punido é um tipo de impunidade.

02 _ Porém a moderação nas punições aprimora os costumes da cidade. Pois uma multidão de infratores cria o hábito da infração, e uma multidão de punições as torna mais leves e menos preocupantes, enquanto a severidade, que é o remédio mais eficiente, perde a autoridade se aplicada com muita frequência.

03 _ Um príncipe instaura bons costumes na cidade e a limpa de vícios se for tolerante com

eles, não como se os aprovasse, mas como alguém que, ao reprová-los, está pronto para castigá-los contrariado e muito atormentado. A clemência mesma do príncipe causa a vergonha de o ofender: a pena parece muito mais pesada quando vem de um homem moderado.

AS OFENSAS MAIS SEVERAMENTE PUNIDAS SÃO AS MAIS COMETIDAS

CAPÍTULO 23

01 _ Além disso, você verá que as ofensas mais severamente punidas são as mais cometidas. Cláudio, seu pai, costurou pessoas no saco mais vezes em cinco anos do que ouvimos falar que outros foram costurados em todos os tempos. Os filhos ousaram muito menos cometer o crime máximo enquanto não havia uma lei para ele. Os homens mais elevados e de suma clemência, os mais profundos conhecedores da natureza das coisas, preferiram tratar o crime como se fosse impensável, além de toda capacidade, e não puni-lo, o que mostraria que poderia ser realizado. Assim, os parricidas apareceram quando veio a lei, já que a pena lhes mostrava o crime. A piedade filial esteve no pior estado quando passamos a ver mais sacos do que cruzes.[24]

02 _ Na cidade em que os homens raramente são punidos, a inocência torna-se um consenso e é considerada um bem público. Se a cidade se julgar inocente, ela o será. Ela mostrará mais

ira contra os que se afastam da frugalidade comum se perceber que são poucos. É perigoso, acredite em mim, mostrar à cidade quão numerosos são os maus.

CAPÍTULO 24

01 _ Uma vez foi feita uma proposta no Senado para que os escravos fossem distinguidos dos homens livres pela roupa. Então ficou evidente o grande perigo que surgiria se os escravos passassem a contar quantos homens livres há. Saiba que deveríamos temer da mesma forma se deixássemos de impor punições. Logo ficaria aparente quão grande é a parte pior da sociedade. Para o príncipe, muitas execuções não são menos torpes do que muitas mortes para um médico. Obedece-se melhor a quem dá ordens de maneira mais moderada.

02 _ A mente humana é teimosa por natureza, enfrenta as coisas que são contrárias ou árduas e segue mais facilmente do que é conduzida. Assim como cavalos de raças nobres são conduzidos mais facilmente com freios soltos, a inocência voluntária segue a clemência com ímpeto próprio, e a cidade a considera digna de se preservar. Esse é o caminho que leva mais longe.

CAPÍTULO 25

01 _ A crueldade é o menos humano dos males e é indigna de um espírito gentil. É uma raiva bestial que goza com o sangue, com as chagas e com o homem rebaixado a um animal selvagem. Eu lhe pergunto, Alexandre, que diferença faz você jogar Lisímaco[25] aos leões ou estraçalhá-lo com seus próprios dentes? São suas a mandíbula e a ferocidade. Ó, quanto você gostaria de ter garras, quanto gostaria que fossem suas as presas capazes de devorar os homens! Não exigimos de você que sua mão, fim mais certo dos mais próximos, seja salvadora de ninguém, ou que seu espírito feroz, insaciável mal para os povos, pare antes de saciar-se com o sangue e a chacina. Já poderemos chamar de clemência se você escolher uma pessoa para ser o carrasco na execução de seu amigo.

02 _ É por isso que a brutalidade deve ser abominada mais que tudo, pois primeiro excede os limites costumeiros, depois os da própria

humanidade. Buscando novas formas de suplício, invoca a inteligência para inventar instrumentos com os quais varie e estenda a dor, e deleita-se com os sofrimentos humanos. Então, quando essa terrível doença do espírito chega ao último grau de insanidade, a brutalidade converte-se em prazer, e matar um homem passa a ser agradável.

03 _ A um homem como esse seguem-se de bem perto o nojo, o ódio, os venenos, os gládios. É perseguido por tantos perigos quanto ele mesmo representa um perigo para muitos e é alvo muitas vezes de tramas privadas, e outras vezes, de fato, de levantes públicos. Pois não é uma destruição leve e privada que move cidades inteiras: mas a loucura que passa dos limites atinge a todos, e de todos os lados vêm os golpes.

04 _ Pequenas serpentes passam despercebidas e não são caçadas publicamente; mas quando alguma delas ultrapassa o tamanho usual e se torna um monstro, quando seu veneno contamina poços e queima tudo com seu hálito, destruindo tudo que aparece em seu caminho, deve ser atacada com máquinas de guerra. Males menores podem nos enganar e escapar, mas contra os enormes batemos de frente.

05 _ Dessa forma, uma única pessoa doente não perturba um lar, mas, quando, com muitas mortes, torna-se claro que temos uma peste, há conclamação da cidade e fuga, e erguem-se

os punhos contra os próprios deuses. Se uma única casa pega fogo, a família e os vizinhos jogam água, mas um incêndio muito grande, que engole muitas casas, só é apagado por boa parte da cidade.

A CRUELDADE NÃO COMETE APENAS OS CRIMES ORDENADOS

CAPÍTULO 26

01 — A crueldade de cidadãos comuns já foi vingada até mesmo por mãos de escravos, mesmo com o risco certo de morrerem na cruz. Contra a crueldade de tiranos já avançaram povos e nações, tanto os que sofreram o mal como os que se viam na iminência de sofrer. Algumas vezes as próprias guardas dos tiranos levantaram-se contra eles, exercendo a perfídia, a impiedade, a brutalidade e tudo mais que aprenderam com eles. O que se pode esperar de alguém que ensinou a ser mau? A crueldade não obedece por muito tempo e não comete apenas os crimes ordenados.

02 — Mas considere que essa crueldade seja segura: qual será o seu reino? Não outro senão o que tenha a aparência de uma cidade capturada, com rostos aterrorizados em todos os cidadãos. Tudo é sofrimento, tremor, confusão. Os próprios prazeres são temidos. Não se vai em segurança a um banquete, em que até mesmo a língua dos ébrios deve ser controlada

com ansiedade, e nem aos espetáculos, em que delatores procuram motivos para acusações e crimes. Esses festivais são realizados com grandes gastos, com riquezas reais, com artistas renomados e maravilhosos, mas quem pode apreciá-los estando na cadeia?

03 _ Bons deuses, que tipo de maldade é essa? Matar, brutalizar, deleitar-se com o barulho das correntes, decapitar cidadãos, derramar sangue abundante por onde quer que se vá, aterrorizar e afugentar com seu aspecto terrível? Como essa vida seria diferente se os leões ou os ursos nos governassem, se serpentes ou todos os animais mais violentos tivessem poder sobre nós?

04 _ Tais criaturas, desprovidas de razão e condenadas por nós pela enormidade de seus crimes, não fazem o mesmo com os seus. E entre todas as feras, ser semelhante às outras é algo que as deixa seguras. Mas a raiva desses não os modera nem mesmo contra seus próximos e trata todos igualmente, tanto os seus como os estrangeiros, ficando mais violentos quanto mais usam a violência. O tirano se arrasta da morte de indivíduos à destruição de nações, considerando que é sinal de poder atear fogo a casas e passar o arado por sobre cidades antigas. Acredita que ordenar a morte de um ou outro não é o suficiente para um imperador e pensa que sua brutalidade foi controlada se não lançar um grupo todo de infelizes para a morte de uma só vez.

05 _ A felicidade consiste em trazer o bem-estar para muitos, trazer da morte para a vida e receber a coroa cívica por conta da clemência. Nenhum ornamento é mais digno da grandeza do príncipe e mais belo do que essa coroa conquistada por salvar a vida de cidadãos, não por armas retiradas de corpos de inimigos, carros de bárbaros escorrendo sangue, ou espólios conseguidos com a guerra. Este é o poder divino: salvar multidões e salvar o povo. Matar muitos e indiscriminadamente é o poder dos incêndios e das ruínas.

LIVRO II

CAPÍTULO 1

01 _ Algo que você disse, Nero César, foi o que me levou a escrever sobre a clemência. Eu me lembro de ouvir com admiração enquanto você falava e de contar para outras pessoas as palavras generosas, magnânimas, de grande leniência, não preparada antes para os ouvidos dos outros, mas que saiu subitamente e que mostrou a todos como a sua bondade está em conflito com a sua alta fortuna.

02 _ Seu prefeito da guarda pretoriana, Burro,[26] homem egrégio e nascido para servi-lo como príncipe, prestes a executar dois ladrões, pediu que você escrevesse quem gostaria que fosse punido e por qual razão. Como você demorava para fazê-lo, ele o pressionou. Quando, relutante, lhe entregou o documento, também relutante você exclamou: "Como eu queria não saber ler!".

03 _ Que frase digna de ser ouvida por todos os povos, os que habitam o território do Império Romano, os que vivem além das nossas

fronteiras em dúbia liberdade e os que se levantam contra ele com força e coragem! Ó, frase que devia ser enviada a uma assembleia de todos os seres humanos, para que os príncipes e os reis jurassem obediência! Ó, fala pública, digna da inocência da espécie humana, à qual se deveria restaurar a antiga era de ouro!

04 _ Agora, decerto, seria apropriado que concordássemos quanto ao que é justo e bom, tendo sido expulsa a inveja, da qual derivam todos os males do espírito, e que a piedade e a integridade ressurgissem com a boa-fé e a moderação, e que os vícios que reinaram por muito tempo dessem lugar, por fim, aos tempos felizes e virtuosos.

CAPÍTULO 2

01 _ Que isso acontecerá, César, podemos em grande parte aguardar e confiar. A mansidão de seu espírito será levada e difundida pouco a pouco por todo o corpo do Império, e tudo será modelado à sua semelhança. A boa saúde começa na cabeça: a partir daí, todas as partes ficam ativas e alertas ou acabadas e exaustas, à medida que a mente esteja viva ou definhe. Haverá cidadãos, haverá aliados dignos dessa bondade e a todo o mundo os bons costumes retornarão. Em todo lugar a sua mão poupará.

02 _ Dê-me sua permissão para que eu me demore um pouco mais nesse ponto, mas não para soar agradável aos seus ouvidos (essa não é minha índole: prefiro ofender com a verdade do que adular com agrados falsos). Então, o quê? Além de eu querer que você fique cada vez mais familiarizado com seus bons atos e palavras, para que faça com bom juízo o que agora faz por ímpeto inato, penso comigo

que muitos ditos grandiosos, mas detestáveis, tornaram-se célebres na vida dos homens ao serem repetidos pelo vulgo, como aquele "Que odeiem, contanto que temam", e aquele verso grego semelhante a esse, em que alguém ordena que, depois de morrer, a terra se misture com as chamas, e outros desse tipo.

03_ Não sei bem como, os engenhos humanos conseguiram expressar de forma grandiosa as coisas terríveis e odiáveis, sentidos contundentes e impulsivos. Mas até agora nunca ouvi nenhuma sentença boa e elevada vindo de alguém bom e gentil. Mas, então, o que quero dizer? Que, raramente, de modo relutante e com muita hesitação, você precisará escrever coisas que o levem ao ódio das próprias letras, mas deverá fazer, como fez, com muita hesitação e muita procrastinação.

A CLEMÊNCIA É A MODERAÇÃO DO ESPÍRITO QUANTO AO PODER DE PUNIR

CAPÍTULO 3

01 _ E para que o belo nome da clemência por acaso não nos engane e nos leve ao seu oposto, vejamos, então, em que consiste a clemência, quais são suas características e quais são seus limites. A clemência é a moderação do espírito quanto ao poder de punir ou a leniência do superior contra o inferior na determinação da pena. É mais seguro propor mais definições, para que não aconteça de uma única acabar cobrindo mal a questão e, por assim dizer, perder a causa. Assim, podemos chamar de clemência a inclinação do espírito para a leniência ao executar a pena.

02 _ A próxima definição encontrará objeções, embora chegue muito perto da verdade: se dissermos que a clemência é a moderação que diminui algo da pena merecida e devida, alguém apresentará a objeção de que nenhuma virtude faz menos a alguém do que é merecido. Mas todos entendem que a clemência é aquilo que vem antes do que pode ser atribuído pelo mérito.

CAPÍTULO 4

01 _ Os ignorantes creem que ela é o contrário da severidade. Porém nenhuma virtude é o contrário de outra virtude. Pois, então, qual é o contrário da clemência? A crueldade, que não é nada além da atrocidade do espírito na determinação das punições. Alguém discordará: "Mas há alguns que não determinam penas, mas ainda assim são cruéis, como aqueles que matam pessoas desconhecidas que cruzam seu caminho, não por ganho, mas pelo prazer de matar e, não contentes com o crime, ainda brutalizam, como é o caso de Busíris, de Procusto[27] e dos piratas, que torturam os cativos e os queimam vivos". De fato, isso é crueldade, mas como não se trata de vingança (pois não houve injúria prévia) nem de retribuição a um erro (pois não houve crime anterior), fica fora de nossa definição, que cobre a intemperança do espírito na determinação de penas. Podemos dizer que não se trata de crueldade, mas de brutalidade, que tem prazer

na selvageria, ou podemos chamar de insanidade, pois há vários tipos de insanidade e nenhuma é mais certa do que a que chega à morte e mutilação de seres humanos.

02 _ Chamarei de cruéis, então, aqueles que têm motivo para punir, mas que não têm limites, como no caso de Fálaris, que, dizem, era brutal de modo sobre-humano e além do limite concebível, mesmo que não contra homens inocentes. Podemos fugir da discussão inútil e definir crueldade da seguinte maneira: é a inclinação do espírito para coisas mais brutas. A ela a clemência repele e ordena que se mantenha distante. É a severidade o equivalente à clemência.

03 _ Neste ponto, é pertinente nos perguntarmos o que é misericórdia. Pois muitos a louvam como uma virtude e chamam o homem bom de misericordioso. Mas esse também é um vício do espírito: ambos os vícios se posicionam próximos à severidade e à clemência, e devemos evitá-los. Recaímos na crueldade, pois se parece com a severidade, e recaímos na misericórdia por se parecer com a clemência. Nisso, erra-se com um perigo mais leve, mas afastar-se da verdade é erro igual nos dois casos.

CAPÍTULO 5

01 _ Portanto, assim como a religião honra os deuses e a superstição os viola, todos os homens bons demonstrarão clemência e leniência, mas evitarão a misericórdia. É um vício do espírito fraco, que sucumbe à vista dos males alheios. Dessa forma, é muitíssimo conhecida dos piores seres humanos: as velhas e as mulheres fracas, que são movidas pelas lágrimas dos piores tipos de pessoas e, se pudessem, os ajudariam a escapar da prisão. A misericórdia não vê a causa, só vê a condição em que alguém está. A clemência procede com a razão.

02 _ Sei que a escola estoica tem má reputação entre os ignorantes, como se fosse dura demais e muitíssimo incapaz de dar bons conselhos aos príncipes e reis. Uma objeção a ela é a de que o sábio se nega à misericórdia e se recusa a perdoar. Essas coisas, vistas apenas em si, parecem odiosas. Parecem não deixar nenhuma esperança para os erros humanos e conduzir todos os delitos à punição.

03 _ Mas, se for assim, então que conhecimento é esse que nos obriga a esquecer da nossa humanidade e fecha o refúgio mais certo à fortuna, o auxílio mútuo? Porém nenhuma escola filosófica é mais bondosa e gentil, nenhuma ama mais o ser humano e é mais atenta ao bem comum, tanto que seu propósito é não apenas ser de utilidade e de auxílio para si mesma, mas também aconselhar e instruir a todas as pessoas, em todo o mundo.

04 _ A misericórdia é uma doença do espírito, causada pela visão da miséria alheia ou pela tristeza diante dos males alheios, que se crê acontecerem sem merecimento. Mas a tristeza não cai bem ao sábio: sua mente é serena, e nada pode acontecer que possa obscurecê-la. E nada convém com mais justiça ao homem do que um espírito elevado. Mas ele não pode ser ao mesmo tempo grandioso e triste. A tristeza rebaixa, contrai e esmaga a mente.

05 _ Isso não acontece com o sábio, nem mesmo em meio às suas calamidades. Ele derrubará toda a ira da fortuna e a estraçalhará diante de si. Sempre manterá a mesma expressão, plácida, inabalável, o que não conseguiria fazer se acolhesse a tristeza.

A MISERICÓRDIA É VIZINHA DA MISÉRIA, POIS POSSUI E DERIVA ALGO DELA

CAPÍTULO 6

01 — A crescente a isso que o sábio é providente e possui um plano de ação à mão. Porém do túrbido, nunca vem nada límpido e cristalino. A tristeza é incapaz de discernir bem as coisas, de conceber coisas úteis, de evitar coisas perigosas, de julgar as coisas justas. Portanto, não se deve ter misericórdia, pois ela não acontece sem a miséria do espírito.

02 — As outras coisas que aqueles que sentem misericórdia querem fazer o sábio fará de bom grado e com espírito elevado. Ele socorrerá as lágrimas alheias, mas não se juntará a elas. Dará a mão ao náufrago, abrigo ao exilado, esmola ao necessitado, não daquela maneira ofensiva, que a maior parte daqueles que querem parecer misericordiosos fazem, com nojo dos que ajudam e com medo de serem tocados por eles, mas como um homem dá do que é comum a outro homem. Entregará um filho às lágrimas da mãe e ordenará que as correntes sejam desatadas, liberará o

gladiador do treinamento, enterrará o cadáver, mesmo de um criminoso, mas fará tudo isso com a mente e a expressão tranquilas.

03 _ Assim, o sábio não será misericordioso, mas socorrerá, será benéfico, nascido para ajudar a todos e para o bem comum, do qual dará a todos sua parte. Mesmo aos calamitosos que merecem reprovação e correção, ele proporcionará bondade na medida certa. Porém apoiará os mais aflitos e os muito sofridos com maior boa vontade. Sempre que puder, se colocará diante da fortuna. Pois quando mais preferirá usar suas forças ou seus recursos, senão para restituir o que a fortuna destruiu? Não baixará o olhar nem o espírito ao ver um velho com a pele muito seca, ou a magreza em farrapos ou a velhice apoiada em uma bengala. Mas fará o bem a todos os que merecem e, como os deuses, olhará os calamitosos de modo mais favorável.

04 _ A misericórdia é vizinha da miséria, pois possui e deriva algo dela. Você saberá que são fracos os olhos que se enchem de lágrimas ao verem outros olhos doentes, assim como, pelos deuses!, é uma doença, e não a alegria, que faz com que sempre se ria quando outros riem e que se abra a boca sempre que outros bocejam. A misericórdia é um vício de espíritos que temem demais a miséria, e, se alguém exigi-la do sábio, é como se exigisse que se lamentasse gemendo nos enterros de estranhos.

CAPÍTULO 7

01 _ "Mas por que o sábio não perdoará?" Muito bem, determinemos o que quer dizer "perdão" e saberemos que não deve ser dado pelo sábio. O perdão é a remissão de uma pena merecida. O motivo pelo qual o sábio não deveria concedê-lo explicam aqueles que se propuseram a fazê-lo. Direi brevemente, como se entrasse no juízo de outro: "Perdoa-se àquele que deve ser punido. Porém o sábio não faz nada que não deva, nem deixa de fazer algo que deva. Assim, não perdoa a pena que deve determinar".

02 _ "Porém aquilo que se quer obter através de um perdão o sábio concederá de forma mais honrosa. Pois o sábio poupará, aconselhará e corrigirá. Fará o mesmo que se perdoasse, mas não perdoará, já que aquele que perdoa admite que omitiu algo que deveria ter sido feito. Admoestará alguém apenas com palavras e não infligirá punição, vendo que, por sua idade, ainda pode ser corrigido; a outro, que

sofre pela vergonha do crime, ordenará que saia incólume, pois se enganou, cometeu um deslize por conta do vinho. Liberará inimigos a salvo, às vezes até com palavras de louvor, caso tenham sido chamados à guerra para defender causas honestas, pela boa-fé, pelos pactos, pela liberdade.

03 _ "Todas essas coisas são obra não do perdão, mas da clemência. A clemência tem liberdade de arbítrio. Julga não a partir de uma fórmula, mas do que é justo e bom. Pode absolver e taxar a causa à medida que desejar. Nada disso faz como se fizesse algo menos do que é justo, mas como se aquilo que decidiu fosse a decisão mais justa de todas. Perdoar é, então, não punir quem você julgou que deve ser punido. O perdão é a remissão da pena de vida. A clemência é superior a isso, pois pronuncia que aqueles que deixa passar não deveriam ter sofrido nada mais. É mais plena do que o perdão, e mais honrada.

04 _ "Em minha opinião, a controvérsia está apenas nas palavras, mas, quanto às questões, há acordo. O sábio diminuirá muitas penas e salvará muitos de caráter pouco são, mas sanável. Imitará os bons agricultores, que cuidam não somente das árvores retas e altas, mas também amarram estacas naquelas que, por algum motivo, cresceram tortas, e podam algumas para que a altura dos galhos não lhes pese demais, fertilizam as mais fracas pela

pobreza do solo e, para as que sofrem na sombra de outras, abrem espaço para a luz.

05 _ "O sábio verá por qual método cada caráter deverá ser tratado, de que modo as coisas depravadas serão corrigidas." [...][28]

NOTAS

1 Há uma considerável dúvida textual nessa passagem nos manuscritos que restaram.

2 Referência a Gaio Múcio Cévola, o "Canhoto", que colocou a mão direita no fogo para provar ao rei etrusco Porsena a coragem do povo romano.

3 O paradoxo aqui é que, embora o criminoso merecesse punição pela lei, o soberano violaria a mesma lei ao demonstrar clemência.

4 No contexto, a situação seria a que ocorreria após serem fulminados por um raio enviado por um deus.

5 Os deuses estoicos são manifestações do princípio da providência, que dá ordem ao universo, e, por isso, não podem se relacionar diretamente com os mortais.

6 Aqui Sêneca passa a identificar Nero com Apolo e com o Sol, que serão marcadores importantes de seu reinado.

7 Lívia Drusila, esposa de Augusto e mãe do imperador Tibério, que teve com o marido anterior, Tibério Cláudio Nero, de quem se divorciou para se casar com Augusto. Seu neto, o imperador Cláudio, a deificou.

8 Todos os mencionados foram condenados à morte por Augusto por deslealdade ou atentados contra o imperador.

9 Ser incluído no testamento de alguém era um sinal de grande estima, e Augusto constou em muitos deles.

10 Nero é filho de Agripina, filha de Agripina, a Velha, filha de Júlia, filha de Augusto.

11 Augusto, assim como vários líderes romanos antes dele, classificava os seus aliados e concedia a alguns o direito de se dirigir à sua presença sem solicitação prévia.

12 Os republicanos que Augusto arregimentou com a oferta de cargos incluem Salústio, neto do historiador de mesmo nome, Nerva, Délio, Ahenobarbo, Asínio Polião, Messala e Marco Cícero, filho do orador, que havia sido proscrito pelo imperador.

13 Lépido havia sido um dos triúnviros com Otaviano (depois Augusto) e Marco Antônio no Segundo Triunvirato.

14 A filha de Augusto, Júlia, teria cometido diversos adultérios, pelos quais seu pai a exilou em II a.C. No entanto, as penas aplicadas não foram tão brandas quanto Sêneca sugere aqui.

15 Entretanto, no mundo grego, o título de tirano era atribuído aos monarcas que usurpavam o poder, enquanto o título de rei (*basileu*) era reservado aos que ascenderam ao trono por direito.

16 Dionísio foi o tirano de Siracusa durante 38 anos, entre o final do século 5 a.C. e 368 a.C.

17 O que não acontece, dada a natureza incompleta do texto.

18 Fragmento do poeta dramático arcaico Ácio, em uma tragédia perdida chamada *Atreu*.

19 Sêneca está descrevendo um dispositivo chamado *formido*, "pavor", que consiste em uma linha com penas amarradas que impede a passagem de alguns animais.

20 O *culleum* era um saco de couro em que os parricidas eram amarrados, com um ou mais animais vivos, e depois jogado ao mar.

21 A lei da natureza estoica é a ordem racional do universo, a providência.

22 Os antigos gregos e romanos acreditavam que a abelha-rainha era um rei.

23 Há considerável incerteza quanto ao texto latino nessa passagem, e aqui a primeira frase foi reconstruída a partir do contexto.

24 As cruzes eram reservadas aos escravos, e não aos cidadãos.

25 Um dos generais de Alexandre, o Grande. Não consta que tenha sido morto dessa forma, pois Alexandre morreu antes dele, que se tornou rei.

26 Sexto Afrânio Burro foi chefe da guarda pretoriana de Nero nos primeiros anos e responsável, com Sêneca, por guiar o jovem imperador nos primeiros anos de seu reinado.

27 Busíris foi um rei egípcio que sacrificava estrangeiros a Zeus, até ser morto por Hércules. Procusto foi um bandido que torturava suas vítimas em um leito, forçando-as a se ajustarem

ao seu tamanho, fosse esticando os membros, fosse os amputando. Foi morto por Teseu.

28 O restante do ensaio (a continuação do Livro II e provavelmente um terceiro livro) está perdido.

CADERNO DE ANOTAÇÕES

CADERNO DE ANOTAÇÕES

TIPOGRAFIA	Turnip [TEXTO] Azeret [ENTRETÍTULOS] Maria Connected [DESTAQUES]
PAPEL	Avena 80 g/m² [MIOLO] Cartão Supremo 250 g/m² [CAPA]
IMPRESSÃO	Gráfica Paym [ABRIL DE 2025]